주진우의
이명박
추격기

추격기
이명박
주진우의

찾아라
저수지를

푸른숲

신이 내린 선물,
이명박

내가 해야 하는 일은 중요하다.

나 자신보다.

세상에 나를 공공재로 내놓고.

포기하고, 인내하며.

감시와 협박을 친구 삼아.

독립운동 하는 심정으로 산다.

오직 진실과 정의를 위해.

그 시작인 정권 교체는 끝났다.

최순실의 희생으로 박근혜와 이재용도 정리됐다.

하나가 남았다.

난 하나만 하려고 한다.

오직 한 사람만 쫓고 있다.

이명박.

박근혜는 해야 할 일을 너무 안 했지만, 이명박은 하지 말아야 할 일을 너무 많이 했다.

이명박이 원로랍시고 인사를 받고 있는 것을 보면 참을 수가 없다. 이명박이 국가라는 이름 뒤에 숨어 저지른 폭력과 사기를 생각하면 분노가 치밀어 오른다. 이명박이 정치라는 탈을 쓰고 사익을 추구한 것을 떠올리면 슬프고 분하다.

벌써 10년이 넘었다.

사라지는 돈을 쫓아다닌 지. 싱가포르로 사라지고, 캐나다로 사라지고, 케이맨제도로 사라지고……. 자꾸 돈이 사라지는 불가사의한 일이 연이어 생긴다. 그런데 사라진 돈이 모인 비자금 저수지 언저리에 이명박이 어른거린다. 자꾸만.

이명박은 신이 내게 주신 선물이다. 마르지 않는 취재원이다. 그렇게 쫓다 보니 어느새 이명박은 내 생활의 일부분이 되었다. 내 책상 맨 위에 이명박 자서전이 있다. 서랍 네 칸 중 한 칸은 이명박 전용 칸이다. 그 아래 칸에는 이명박 패밀리의 자료를 넣어두었다. 의자 뒤 책꽂이도 세 칸이 이명박 것이고, 서류 박스 다섯 개는 이명박 헌정 박스다. 자료를 잘 모으는 스타일이 아닌데도 이 정도다.

이명박을 쫓는 건 위험한 일이다.

감옥 문 앞까지 끌려가기도 했다. 감옥에 가는 것은 나쁜 일이지만 아주 나쁜 일은 아니라고 생각한다. 죽음의 그림자를 밟는 순간도 있었다. 죽는 것은 더 나쁜 일이지만 최악은 아니라고 생각한다. 독립운동을 하다가, 민주화 운동을 하다가 감옥에 간 선배들은 부지기수로 많다. 돌아가신 선배들도 적지 않다. 내가 사는 이 세상은 그분들에게 빚을 지고 있지 않은가? 나는 선배들에 비해 훨씬 편하고 좋은 조건에서 싸우고 있지 않은가? 진짜 최악은 불의에 저항하지 않고, 악행을 미워하지 않는 것이다.

사람들은 이명박을 두려워한다.

그에겐 권력과 돈이 있다. 내가 이명박을 쫓으며 취재한 사람들은 결정적인 장면에서 입을 꼭 다물었다. 한마디만 더 들으면 좋겠다 싶은 때에도, 더 강요할 수만은 없었다. 사라지거나 저수지에서 주검으로 발견된 사람이 많기 때문이다. 이명박 내곡동 특검팀의 한 책임자는 "비자금의 실체를 알고 있는 사람이 희생양이 되는 경우가 많았다"라고 말했다. 그 패거리들은 돈을 위해서는 무엇이든 한다. 목숨을 빼앗는 것쯤이야 거리끼지 않는다.

가는 길은 험난했다. 가파른 계곡과 깎아지른 절벽이 버티고 있었다. 특히 검찰과 국정원이 나의 전진을 가로막았다. 언론은 나를 물어뜯기 바빴다. 그래도 포기할 수 없었다.

정보가 있는 사람에게는 무조건 찾아가 정성을 다했다. 변심한 애인에게 매달리듯 매달리고 또 매달렸다. 한 제보자에게는 백 번을 찾아갔다. 다른 제보자에게는 50번 찾아갔다. 한 번 만나기 위해 열흘 내내 새벽 4시까지 기다리기도 했다. 독실한 제보자를 따라 새벽 기도를 다닌 적도 있다. 정성을 들이고 또 들였다.

주 조금만 더 얘기해주세요. 계좌 하나만 알려주세요.

제보자 그놈들이 가만히 있을 거 같아? 그 돈이 발각될 수 있겠다고 생각할 때? 그 돈을 갖고……, 그 생각 안 해봤지?

주 가끔씩 하긴 하는데…….

제보자 잘 생각하고 해야 돼.

주 전 괜찮아요. 저 멀쩡해요. 돈이 사라졌잖아요. 그 돈이 캐나다에서 사라졌잖아요.

제보자 몰라, 얘기 안 할래. 내가 얘기했잖아, 저수지에서 발견될 수도 있다고. 장난으로 들어?

주 괜찮아요. 그 부분은 제가 밝혀볼게요. 요것만큼은 제가 밝혀볼게요. 제가 물어뜯어볼게요.

제보자 개소리 하지 마. 저수지에서 발견되지 않으면 등산 가서 뒈져, 뒈진다고.

주 할 거예요. 제가 나름대로는 사납거든요. 정의의 편에서 해야지요.

제보자 정의는 무슨 얼어 죽을 정의. 정의가 어딨냐, 우리나라에.
주 정의가 없으니까, 살리려고요.

돈이 최고인 사람들에게는 감옥에 가거나, 명예가 더럽혀지는 것이 큰 문제가 아니다. 거짓말과 꼼수가 들통나면 이들은 '어떻게 알았지?'라고 말한다. 대운하 사업을 4대강 사업으로 이름을 바꿔서 다시 한다. 자식에게 나랏돈으로 집을 사주려다 발각되자 '안 하면 됐지 않느냐. 이제 다 끝났다'라고 말한다. 부끄러움을 모른다. 그들의 유일한 걱정은 돈을 빼앗기는 것이다.

그래서 나는 이명박의 돈을 빼앗고 싶다. 단 5백 원이라도.

'이명박', '돈' 이야기가 나오면 어디든지 달려갔다. 무엇이든 했다. 1박 2일로 도쿄에 다녀오고, 2박 3일로 스위스·독일·프랑스에 다녀오기도 했다. 미친 듯이 쫓아 다녔다. 사실, 나도 안다. 내가 이명박의 돈을 찾지 못할 확률이 훨씬 높다는 것을. 하지만 알려주고 싶었다. 이명박의 돈을 뒤쫓는 누군가가 있다는 것을. 이명박을 잡기 위해서라면 지옥이라도 간다는 것을.

기자 생활 하면서 이명박 기사 참 많이 썼다. 취재한 내용은 기사보다 몇 배는 더 많다. 에리카 김으로부터 입수한 BBK 메모를 보도해 BBK 특검을 출범시켰고, 내곡동 사저의 꼼수를 찾아내 내곡동 특검으로 이어지게 했다. 이명박에게 두 개의 특검을 선물했으니

성과를 냈다고 할 수도 있다. 또, 전두환의 비자금과 이건희의 비자금도 찾아주었으니 내가 비자금 찾는 데 전문성이 조금은 있다고도 할 수 있다.

하지만 이명박 비자금 추적기는 헛발질과 헛손질의 연속이었다. 온갖 고생을 무릅쓰며 더디게 전진하다가도 벽에 가로막히곤 했다. 다른 건에서도, 또 다른 건에서도 실패하고 좌절해야 했다. 이명박 저수지 찾기 프로젝트는 지금도 진행 중이다. 지금 시작하는 이야기는 이명박 비자금에 대한 제보를 바탕으로 취재에 나섰지만 아직 비자금의 존재를 완벽하게 증명하지는 못한 실패담이다. 실체가 아니라 정보와 첩보의 파편들이다. 그래서 결코 이명박의 돈이라고 할 수 없는 이야기들이다.

돌아이 기자의 이명박 재산 찾기 프로젝트. 그 처절한 실패 연대기를 시작해보겠다.

차례

1장

오직
한 사람,
이명박을
소개합니다

돈을 믿는다

"인간은 완전할 때는 최고의 동물이지만, 법과 정의와 분리될 때
는 모든 것 중에 최악이다. 인간이 덕을 갖추지 못한다면, 인간은 가
장 불경하고 가장 야만적인 동물이며 가장 색욕과 탐욕으로 가득
찬 존재이다."

아리스토텔레스《정치학》의 한 구절이다.

이명박에게 꼭 해주고 싶은 말이다.

이명박이 좋은 사람, 착한 사람이 아니라는 건 세 살 먹은 아이
도 안다.

좋은 '전과 14범'을 본 적 있는가?

착한 '전과 14범'을 본 적 있는가?

그럼에도 이명박은 대선에서 큰 표 차이로 당선됐다. '나를 부자

로 만들어 주지 않을까', '내 집값이 좀 오르지 않을까', '세금을 덜 내지 않을까' 하는 욕망 때문이었다. 그런데 이명박의 '잘산다'가 모든 사람들을 복되게 하는 게 아니라 본인과 본인 주변만 잘살게 하는 의미라는 것을 그때는 몰랐다. 그러나 그의 본색은 금방 드러났다. 돈을 향한 그의 욕정은 실로 거침이 없었다.

포털 사이트 검색창에 이명박을 치면 비리, 구속, 4대강, BBK 등이 연관 검색어로 뜨고, 총 쏘는 사진이 나온다. 그를 두고 쥐 혹은 꼼수를 떠올리는 이가 있다. 반면, 이명박을 경제 대통령이라고 추앙하는 이들도 있다. 박근혜의 굴욕을 보고 이명박을 더 긍정적으로 평가하기도 한다. 찬양하는 이들도 적지 않다.

나는 이명박 하면, 돈에 환장한 사람이 떠오른다.

그를 꿰뚫는 단어는 돈이다. 그는 사람을 믿지 않는다. 사랑도 믿지 않는다. 돈을 믿는다. 모든 생각이 돈으로 통하고 모든 행동은 돈에 좌우된다. 대통령이 되기 직전 교회에 간 이명박은 "예수 믿고 우리 집안 다 부자가 됐다"라고 간증했다. 이 말에 그의 철학이 고스란히 담겨 있다.

아들보다
돈이 먼저다

이명박은 젊었을 때부터 로맨티시스트였다. 압구정동 여인과의 로맨스는 가까운 지인들 가운데 모르는 이가 없었다. 에리카 김과의 특별한 관계도 LA에서는 유명했다.

"사건명 친생자관계존부확인. 피고 이명박. 원고 조○○. 사건번호 2010드단110537. 재판부 서울가정법원 가사1단독."

2012년 12월 20일의 일이다. 이명박은 대통령 재임 시절 '눈 찢어진 아이'에게 친자 확인 소송을 당한다. 숨겨놓은 자식에게 돈 내놓으라는 소송을 당한 현직 대통령은 전 세계에 어느 곳에서도 유례를 찾기 힘든데, 그의 로맨스는 조금은 화끈하다고 할 수 있겠다. 사실 조 아무개 씨와 그의 어머니 안 아무개 씨는 여러 차례 이명박을 찾아갔다. 생활비를 지원해달라고. 그런데 철저히 무시당해서 소송까지 걸게 됐다. 더 놀라운 사실은 피고 이명박이 돈을 적게 주려고 질질 끌다가 합의를 봤다는 것이다. 재판부가 재판을 진행하지 못하도록 막고서.

놀라운 이 절약 정신. 이명박은 뭐든 '역대급'이다. 이명박은 돈 앞에 애인이고 자식이고 뭐고 없다. 명예는 당연히 뒷자리 혹은 구석에 처박아둔 지 오래다.

중국집 주인,
이명박 씨

1990년대 중반 서울 서초동 이명박의 건물에서 '희래등'이라는 중국집을 운영하던 이 아무개 씨가 있었다. 장사가 잘됐다. 그래서 이 씨는 2000년 6월경 건물주 이명박을 찾아갔다. 규모를 키워서 장사를 해보고 싶다고, 자신의 돈을 투자해 1층 건물을 2층으로 증축하겠다고 했다. 건물이 2층짜리가 되면 당연히 이명박의 재산 가치가 상승한다. 그 세금까지 이 씨가 부담하겠다고 했다. 이명박은 흔쾌히 허락했다.

이 씨의 말이다. "이명박이 증축 비용을 회수할 수 있도록 10년가량 재계약을 해주겠다고 약속을 했다. 장기 임대계약을 해달라는 요청에 이 전 대통령은 2년씩 단기로 계약을 연장해서 장기 임대가 가능하도록 하겠다고 했다." 이명박의 말을 믿은 이 씨는 6억 원을 들여 중국집을 2층으로 증축했다. 장사는 잘됐다.

문제는 2년 후에 일어난다. 2002년 이명박의 처남 김재정이 계약 기간이 만료됐다며 건물에서 나가라고 통보한 것이다. 재계약이 당연하리라 믿었던 이 아무개 씨는 반발할 수밖에 없었다. 못 나가겠다고 버텼다. 하지만 이명박 쪽에서는 중국집 '희래등' 현관문에 쇠사슬을 채우고 영업을 막았다. 법원에서 가처분 결정이 나오면서 이 씨는 더 이상 버틸 수 없었다. 그때 김재정이 1억 3천3백만 원을 주며 합의를 하라고 했다. 이 아무개 씨는 합의서를 써주고 나올 수밖에 없었다.

　　얼마 후 희래등이 있던 자리에는 '강희제'라는 중국집이 들어섰다. 테이블과 의자, 주방 용품과 집기들은 그대로였다. 주방장을 비롯한 종업원도 절반은 그대로였다. '강희제' 사장은 김재정이었다.

　　에리카 김은 김재정을 이렇게 설명했다. "김재정 씨는 이명박의 재산관리인이다. 처음 사업을 같이할 때 동생 경준이가 이명박 씨 집에 밥 먹으러 갔는데, 어떤 아저씨가 집에서 허드렛일을 하고 있어서 집사인 줄 알았다고 했다. 그런데 어느 날 이 집사가 술 먹고 사무실에서 난동을 부려서 김백준 씨가 달래고 있었단다. 그래서 동생이 '왜 집사가 난동을 부리느냐'라고 했더니, 김백준 씨가 "'처남인데 가끔 돈이 필요하면 소란을 피운다'라고 말했다고 한다. 그래서 동생은 김재정 씨를 '집사'라고 불렀다."

김재정이 이명박의 집사 격으로 집안일을 봐주었다는 점을 감안하면 중국집의 실제 주인은 이명박이다.

공들여 키워온 중국집이 공중분해되자 이 아무개 씨도, 가정도 무너졌다. 이 씨는 신용불량자가 되었고, 빚에 시달리다 인도네시아로 쫓겨 갔다. 이 씨 아내는 화병에 시달리다 저세상으로 갔다. 쉰도 안 되는 나이였다.

이명박이 대통령 자리에서 내려오자, 이 씨가 마침내 소송을 걸었다. 증축 비용 6억 원을 돌려달라는. 아내가 죽자 원통해서 못살겠다고 했다.

이 씨에게 나름대로 조언했다. 내가 소송을 많이 당해서 이쪽 방면으로는 노하우가 좀 있다. "변호사를 구해 민사 소송을 거세요. 돈이 없으면 변호사비를 성공 보수로 지급하는 조건으로 선임하세요. 제가 소개해줄 수도 있어요. 하지만 재판에서는 분명히 질 거예요. 합의서 때문에요. 대통령 사건이어서 판사들이 별로 따지지도 않을 거예요. 유명인의 경우 보통 소송을 하면 중간에 합의를 봅니다. 창피한 일이라면 말이죠. 재판이 진행되면 기사가 나올 거예요. 그 틈에서 마지막 기회를 노려보자고요. 그런데 그것도 불가능에 가까울 거예요. 돈에 관해서라면 한 치의 양보도 없는 분이잖아요. 가카는 절대 그러실 분이 아니잖아요."

재판부는 이명박의 손을 들어주었다. 물론, 이명박은 꿈쩍도 하지 않았다. 돈에 대해서는 절대 물러섬이 없는 분이지 않은가…….

이명박 따라 하면
감옥 간다

2007년 17대 대통령 선거 당시 나는 이명박의 재산 형성 과정을 추적해 보도했다. 잠시 기사를 살펴보자.

〔 돈 벌려면 이명박 후보를 따라하라? 〕

2007년 10월 22일 <시사IN> 제6호

이명박 후보를 공격하는 이들은 '사업은 쪽박, 투기는 대박'이라고 곧잘 비꼰다. 아닌 게 아니라 이 후보가 회장을 지낸 현대건설은 법정관리에 들어갔고, 김경준 씨와 동업한 회사는 망했다. 하지만 이 후보는 부동산 투자에 탁월한 능력을 보여, 사업 실패를 메우고도 남았다. 이 후보가 1993년 신고한 재산총액은 62억 3천2백만 원. 2007년에는 331억 원(부동산 재산만 325억 원)으로 늘었다.

이 때문에 지금이라도 이 후보나 친·인척이 보유한 부동산 근처의 땅을 사라는 말이 나온다. 적어도 지금까지는 어김이 없었다. 이 후보가 서울시장에 취임한 직후인 2002년 10월 뉴타운 사업이 발표된다. 은평 뉴타운에 이 후보의 땅이 있었다. 이 일대 땅값은 2002년에 비해 10배 가까이 올랐다. 2004년 11월 서울시는 서초 법조단지의 고도 제한을 완화하는 도시정비계획을 세운다. 법조단지 안에는 이 후보 소유의 건물 두 채가 있었다.

이 후보와 가족들이 서울·경기·강원·충북·대전·경북·제주 등지에 땅을 가지고 있는데, 부동산 투자자라면 참고할 만하다. 특히 이 후보의 두 형이 보유한 여의도 4분의 1 크기의 땅은 높은 수익률이 예상되는 투자 유망 지역이다.

이명박 후보의 재산 관리인으로 의심받는 처남 김재정 씨. 그를 따라가 보는 것도 흥미롭다. 김 씨가 손댄 땅은 각종 개발 계획과 맞물려 들썩였다. 김 씨와, 이 후보의 친형 상은 씨 소유 회사인 다스는 2003년 5월 전자·기계 관련 무역회사를 인수해 그 회사를 홍은프레닝으로 이름을 바꾼다. 홍은프레닝은 서울 천호사거리 인근 땅을 사들이는데 2003년 11월 이 땅이 뉴타운에 포함됐다. 이곳에서 홍은프레닝은 2백억 원이 넘는 수익을 올렸다. 1987년에 산 충남 당진 땅 부근에는 아산신항과 한보철강이 들어섰다. 1988년 사들인 대전 유성의 임야도 관광특구로 개발됐다. 1990년 매입한 강원 고성의 땅 인근에서는 세계잼버리 대회가 열렸다.

이 후보는 서울 강남 등지에 건물 세 채를 보유하고 있다. 그는 2000년과 2003년 자신의 임대 소득을 94만 원으로 신고했다. 이를 근거로 건강보험료를 월 1만 3,160원만 냈다. 이명박 후보 진영은 제도상 허점의 결과일 뿐이라고 설명한다. 제도의 맹점을 이용하는 것도 땅테크에서는 중요한 요소다.

이명박이기에 가능한 일이다. 이명박 재테크의 특징은 따라했다가는 감옥에 갈 가능성이 대단히 높다는 점이다. 생활고로 자살한 송파 세 모녀는 건강보험료로 매달 5만 원을 냈다. 이명박이 낸 건강보험료는 한달에 겨우 1만 3,160원이었다. 건물 관리 회사를 세우고 자식들을 직원으로 허위 등재해 월급을 지급하고도 말이다. 일 안 하는 가족에게 월급을 준 것과 건강보험료 허위 신고는 명백한 탈세 행위다. 이에 대해 나경원 당시 한나라당 대변인은 "자식들이 상근직으로 근무한 것은 아니지만, 건물 관리에 일부 기여한 바가 있어 직원으로 등재했다"라고 해명했다. 참, 끼리끼리 논다.

취재할수록, 알아갈수록, 이명박은 돈에 대해서는 한 치의 물러섬이 없는 사람으로 보였다.

애인과 형제도 예외는 없다. 심지어는 숨겨 놓은 자식한테도……

그래서 나는 이명박 정부를 '돈에 대해 순수한 정부'라고 정의를 내렸다. 이명박 정부가 벌인 비상식적인 정책이나 결정, 시도 들은 대부분 바로 '돈에 대한 순수한 욕정'이라는 시각에서 해석하면 쉽게 이해가 된다.

이명박은 경제 대통령을 표방했다.

하지만 그가 부르짖는 경제는 엄밀히 말해 사기에 가까웠다. 그의 가장 큰 관심사는 자신 혹은 자신의 주변 사람들에게 '돈이 되느냐'였다. 4대강 사업은 사실 사업이라는 이름을 붙이면 안 되는 명백한 사기사건이다. 돌이킬 수 없는 환경 파괴를 비롯한 무수한 문제로 거의 모두가 반대한 4대강 공사를 밀어붙인 이유도 간단하다. 일단 강을 파면, 자신과 자기 주변 사람들에게 대대손손 먹고 살 돈이 생기기 때문이다. 4대강 공사를 시작하기도 전에 몇몇 대기업과 주변 사람들이 공구를 나누어 시공하기로 약정을 맺었다는 것은 널리 알려진 사실이다. 대기업이 4대강 공사 담합으로 얻은 추가 수익이 최소 1조 3천7백여억 원이었다. 측근과 재벌들에게 이명박은 성군이다.

4대강 사업에는 총 22조 원이 투입되었는데, 잘못된 공사를 바로잡으려면 84조 원이 든다는 전문가의 계산이 나왔다. 파헤쳐지고 망가진 강은, 생태계는 어떻게 할 것인가? 그 생태계에 의지하고 살아야 하는 우리 국민들은 어떡하나? 생명체들의 평화롭고 안락한

보금자리를 오로지 경제적 이익을 위해, 그것도 소수의 이익만을 위해 파괴하다니……. 국가와 국민 그리고 생명은 안중에도 없다.

국가는 국민을 위해야 한다.

그런데 이명박의 국가는 이명박 자신과 주변의 사익만을 챙겼다. 이명박의 국가는 이명박의 이익이 법이자 절대선이었다. 이명박은 우리에게 정의가 살아 있지 않은 국가가 얼마나 해로운지 알려주었다. 자신은 법치(法治)하지 않으면서 국민들에게는 준법을 요구했다. 자신에게 반대하는 사람들을 엄정한 법 집행이라는 명목으로 탄압했다. 사고를 더 큰 사고로 상쇄하고, 문제 있는 인물은 더 문제가 많은 인물로 대체했다. 그리고는 이명박은 "내가 다 해봐서 아는데"라면서 말한다. "그놈이 그놈이다", "다 도둑놈이다"라고. "도덕적으로 완벽한 정권이니 조그마한 허점도 남기면 안 된다"라고. 이런 말도 안 되는 소리가 이명박 정부에서는 통했다. 자신을 반대하는 사람들에게 '빨갱이', '종북 세력' 딱지를 붙이고 대신 싸워주는 정치 검찰과 수구 언론이 있어서 가능한 일이었다.

"국가는 부르주아지의 집행위원회다"라는 마르크스의 말을 가장 충실하게 입증한 이가 이명박이다.

철학자 이진경은 그의 저서 《뻔뻔한 시대, 한 줌의 정치》에서 이명박 정부를 이렇게 규정한다.

어느 체제가 필요로 하는 이런 종류의 모든 정당화나 위선적 치장마저 포기한 채 자신들의 이익을, 그것도 아주 개인적인 것까지 노골적으로 추진하고, 권력자들의 법적·도덕적 결함조차 억지로 감추기보다는 "그 정도 하자 없는 사람이 어디 있냐"며 까놓고 당연시하며 이런저런 공직이나 공기업마저 사적인 친분에 따라 이익을 나누어주듯 분배한 이명박 정부 시기를 '뻔뻔함의 시대'라고 부를 수 있을 것이다.

2장

돈의 신

가카에게 가는 길, 에리카 김

에리카 김 이야기

BBK는 이명박이 세운 회사다. 본인 입으로 그렇게 말했다. 인터뷰에서, 강연에서. 그런데 '주어가 없다'고 한다. 이명박이 BBK의 돈을 모았다. 이명박을 보고 투자한 사람들은 큰 피해를 당했다. 김경준은 실무자였다. 그런데 이명박은 한사코 BBK와는 전혀 관련이 없다고 한다. 관련 있다는 증거가 나오면 대통령이 된 뒤라도 내려오겠다고 했고. 증거가 수없이 나왔지만, 그는 무시했다.

검찰의 논리대로 BBK가 이명박 것이 아니라면 내 차도, 내 옷도, 내 신발도 내 것이 아니다. 내 손도 내 것이 아니다. 그런데 검찰은 BBK가 이명박과는 전혀 무관하다고 결론을 내린다. 법원도. 이명박은 김경준에게 사기당했다고, 아무것도 몰랐다고 한다. 모든 권력이 이명박 앞에 무릎을 꿇고 고개를 조아렸다. 그에게 권력은 부를 창조하는 도구이자, 자신의 부를 지키기 위한 수단이었다. 내가 보기에 그는 법과 제도를 무력하게 만들고, 돈벌이에 매달렸다.

'아, 이명박은 잡아야 한다. 반드시. 기자질 하는 한 이명박은 내가 맡겠다.' 결심했다. 그 이후로 이명박 돈 이야기만 나오면 쫓아다녔다. 돌아이처럼 뛰어다녔다.

나를 이명박교에 본격적으로 입문하게 한 인물은 에리카 김이다.

에리카 김. 한국 이름 김미혜. 1964년 서울에서 태어나 초등학교 2학년 때 부모와 함께 미국으로 이민 갔다. 고등학교를 수석으로 졸업하고, 코넬 대학과 캘리포니아 대학 로스앤젤레스 캠퍼스(UCLA) 법학전문대학원을 나와 스물일곱에 변호사가 됐다. 한국 교민 사회를 위한 활동에 적극적으로 나서고 방송 출연도 해서 교민 사회에서 유명했다. 로스앤젤레스 한인상공회의소 회장과 도산기념재단 이사장을 지내기도 했다. 이명박이 "안창호 씨를 존경한다"라고 말했었지.

에리카 김과 김경준은 보통 남매보다 훨씬 각별한 사이였다. 미국으로 이민 온 부모님은 돈 버느라 아이들에게 거의 신경을 못 썼다고 한다. 낯선 곳에서 외로웠을 남매는 어려서부터 서로 의지하며 지냈다. 코넬대 파티에 갔다가 울고 온 누나 에리카 김에게 한 백인

남자로부터 추행을 당했다는 말을 들은 김경준은 그를 찾아가 패주기도 했다. 남매의 애정은 두터웠다.

에리카 김은 이명박과도 각별했다. 한때.

둘의 관계를 의심해서 이명박의 부인 김윤옥이 에리카 김을 찾아가 난리를 피운 적도 있었다. "여사님이 정말 불같이 화를 내더군요. 그렇게 무서운 건 살면서 처음이었어요"라고 에리카 김은 내게 말했다. 한때 에리카 김은 나에게만 속내를 털어놓았다. 그래서 둘 사이의 내밀한 이야기를 들을 수 있었다.

둘은 1993년 미국 LA에서 처음 만났다. 이명박이 교민들을 만나는 자리에 에리카 김이 있었다고 한다. 이명박은 며칠 후 한인교회 간증 예배에 에리카 김을 초대하면서 관계를 이어가기 시작했다. 그러고는 가까워졌다. 에리카 김이 한국에 올 때면 자꾸 별장을 구경시켜 주겠다면서 데리고 갔다고 했다. 서울에서 두 시간 거리에 있는. 이명박 명의로 재산 신고가 된 별장은 없었는데.

"이명박 씨가 선거법 위반 판결을 받았을 때 한국에 있었어요. 이명박 씨가 법원에 같이 가자고 해서 뭔지도 모르고 따라가기도 했지요. 변호사로서 한국 법원이 궁금하기도 했고요. 판사 세 명이 앉아 있고 판사가 신나게 말하는데 무슨 이야기인지 못 알아듣겠더라고요. 그 사건이 선거법 위반인지, 왜 기자들이 왔는지도 몰랐어요. 재판이 끝나고 사무실까지 걸어와 하루 종일 사무실에서 앉아 있었어요. 뭐, 딱히 해줄 말도 없었고요. 의원직 사퇴하고 쓸쓸하게 LA에 들어올 때 내가 공항에 나가서 이명박 씨 부부를 픽업해주기도 했어요."

이명박은 개고기 집에 넷이 가서 꼭 '수육 2인분'을 주문하시는 분이다. 수행원 세 명은 다른 자리에 앉는다. 겸상은 안 하신다. 짠돌이도 그런 짠돌이가 없다. 하지만 서울시장 시절 이명박은 법인카드를 아끼지 않았다. 대통령일 때 청와대와 국정원의 특수활동비도……. 이명박이 선거법 위반으로 국회의원직을 자진 사퇴하고 피선거권을 박탈당하고 나서 잠시 미국 워싱턴에 머물던 때였다. 에리카 김과 LA 교민 10여 명이 워싱턴에 들렀다. 그런데 이명박이 커피 한 잔 산 적이 없었다고 한다. 골프도 여러 번 쳤는데 이명박은 돈을 한 번도 낸 적이 없다고 했다. 자신의 게임비는 물론 음료수값도.

그래서 하루는 한 원로 교민이 라운딩을 마치고 이명박에게 돈을 내라고 했다.

"이 의원님, 1인당 3백 달러씩 내기로 했습니다."

"제가 지갑을 놓고 와서……."

이명박은 돈이 없다고 넘어갔다.

다음 날 라운딩을 마치고 그 교민이 또 말했다.

"의원님, 1인당 3백 달러씩 갹출하기로 했습니다."

"제가 현금이 없어서……."

그날은 그분도 물러서지 않았다.

"그럼 카드라도."

"한도가 얼마 안 돼서……."

그분은 이명박을 차에 태워서 돈을 찾으러 돌아다니기 시작했다. 그런데 첫 번째 은행에서 이명박은 현금 인출이 안 된다고 했다. 그분은 포기하지 않았고 은행을 돌았다. 결국 네 번째 은행에서 이명박에게 돈을 받았다고 한다.

에리카 김의 말이다.

"이명박 씨는 말도 못하는 '짠돌이'예요. 이명박 씨가 미국 와서 설렁탕 한 번 산 적이 없었어요. 당연히 얻어먹는 사람이었어요. 미국 오면 손님이니 그럴 수 있잖아요. 그런데 미국 분들이 한국에 나가도 밥 한 그릇 안 샀어요. 내가 LA 상공회의소 회장을 맡고 있을 때, 한국에서 세계한상대회가 열려서 왔었어요. 전직 상공회의소 회장들이 '이명박이 유일하게 밥 사는 사람이 너니까 이명박에게 밥 사라고 해라'고 하시더라고요. 그래서 내가 전화해서 '밥 좀 사라고 하시는데요'라고 말했죠. 그래서 한 번 밥을 샀죠. 회장님들이 드디어 이명박에게 밥 얻어먹어본다고 비아냥거리시더라고요. 하지만 저한테는 잘하셨어요. 한국에 들어올 때마다 공항에 차를 보내 픽업해주셨고요. 서울시장 시절에도 관용차를 보내서 제가 이용할 수 있도록 편의를 봐주셨지요."

쪼잔하기가 이를 데 없는 짠돌이가 에리카 김에게만은 돈을 썼다. 남자가 여자에게 돈을 쓴다는 건? 특히, 돈에 벌벌 떠는 사람이

오직 한 여자에게만 돈을 쓴다는 건? 많은 걸 의미한다. 엄청나게 중요한 사람이라는 거다. 더 자세히 설명하지는 않겠다. 어쨌든 그녀는 이명박을 가장 정확히 아는 사람이었다.

2007년 대선 때 BBK 실소유주 문제가 불거졌다. 이명박은 "대통령에 당선된 다음에라도 BBK에 연루되었다는 사실이 밝혀지면 모든 재산을 내놓고 대통령직에서 내려오겠다"라고 말했다.

이 말을 들은 에리카 김은 "그 사람을 잘 아는데 만약 그렇게 하면 내가 성을 갈아요. 거짓말을 밥 먹듯 하는 게 아니라 거짓말을 밥 먹는 것보다 더 많이 하고 있어요. 입만 열면 거짓말을 했고요. 이명박 씨가 사소한 것까지도 거짓말을 하는 걸 보면 웃겨요"라고 말했다. 그러면서 덧붙였다. "이명박 씨가 재산을 사회에 환원한다고 하는데 '짠돌이' 이명박 씨가 그럴 리 없어요. 또 그런다고 해도 (그 사람한테는) 별로 상관없어요. 진짜 재산은 다 빼돌려놓은 거 다 알잖아요."

서른네 살 청년, 김경준

이명박은 에리카 김과의 관계 속에서 김경준을 만났다. 이명박은 서른네 살 청년 김경준에게 수백억 원을 모아주었다. 그렇게 만들어진 회사가 BBK다. 이명박 회사로 의심받는 다스는 김경준에게

190억 원을 투자했다. 돈에 벌벌 떠는 이명박이 돈을 쓰는 유일한 여자 에리카 김이 복잡하게 얽힌 BBK 사건의 실타래를 풀 수 있는 증인인 이유다.

2007년 대선을 한 달 앞두고 김경준이 한국에 들어왔다. 판도라의 상자 열쇠를 쥐고. "이명박이 BBK의 실소유주이며 주가조작 사건에 연루됐다는 결정적 자료를 갖고 있다"라고 밝히며. 김경준은 이명박이 BBK의 소유주라는 것을 증명하는 계약서를 들고 왔다. 이 계약서가 자신의 결백을 입증할 것이라고 했다. 검찰 조사에서 계약서가 진짜임이 확인되고 있었다. 이명박의 최대 위기였다. 그런데 검찰 조사를 받던 김경준이 갑자기 계약서를 위조했다고 선언한다. 뿐만 아니라 이명박은 모르는 일이고 BBK와 관련된 잘못은 모두 자신이 저질렀다고 했다. 미국에서 한국까지 날아와서, 자청해서 자신이 희대의 사기꾼이라고 선언한 것이다. 말이 안 된다. 앞뒤가 맞지 않는다. 상황이 이상하게 흘렀다.

바로 미국 LA로 날아가 에리카 김을 만났다.

2007년 대선에서 가장 중요한 대목이었다. 에리카 김과 마주앉자마자 곧장 이명박에 관해 물었다. 에둘러 갈 시간이 없었다.

"의문이 안 풀려요. 에리카 씨하고 이명박의 문제가 안 풀리면 김경준과 BBK 문제는 절대 안 풀려요. BBK가 미궁에 빠지는 이유예요. 문제가 이렇게 어렵게 가면 김경준은 바로 죽어요. 솔직하게 이명박과의 관계를 털어놓고, 그다음 김경준하고 이명박과의 사업 이야기를 해야 해요. 김경준의 주장대로라면 이명박이 주범이니 무죄까지는 안 돼도 죄를 줄일 수는 있어요. 즐거운 일은 아니겠지만 이명박과의 관계를 말해주세요."

에리카 김은 이명박 때문에 동생이 감옥에 갔다고 했다. 안타까워했다. 그런데 정작 이명박에 관해 중요한 이야기는 하지 않았다. 그다지 나쁜 이야기를 하지도 않았다.

"그렇게 사랑하는 동생이 이명박 때문에 잡혀갔어요. 이명박의 실체를 알려야 해요."

이렇게 말해도 에리카 김은 듣고만 있을 뿐이었다. '지금은 어쩔 수 없어서 이러지만 시간이 가고 상황이 바뀌면 이명박이 어떻게든 나한테 잘하겠지' 하는 믿음이 있는 듯했다. 나는 김경준이 모든 죄를 뒤집어쓸 거라고 했다. 에리카 김은 김경준만 크게 문제가 되지는 않을 거라고 했다. 대선이 보름 정도 남은 때였다.

시간이 없었다. 그런데 에리카 김은 입을 다물고 결정적인 이야기를 하지 않았다. 매일 만나도 별 진척이 없었다. 그러던 어느 날 아침에 에리카 김에게서 전화가 왔다. 급히 와달라고 했다. 그때 나는 미국에서 삼성의 비자금을 만들었던 강 아무개 씨를 찾으러 라스베이거스에 가 있었다. (강 씨는 삼성의 치부를 폭로하겠다고 나에게 접근했다가 삼성으로부터 돈을 받아 미국으로 떠난 사람이었다. 그 당시에 그가 벨라지오 호텔 카지노에 있다는 첩보를 듣고 바로 달려갔다. 그에게 사건의 전체

스토리를 듣고 싶었다. 2016년 강 씨가 미국에서 의문의 사고를 당해 숨졌다는 소식을 들었다.) 강 씨 찾기를 멈추고 한국식당에 식재료를 배달하는 트럭을 얻어 타고 급히 LA로 돌아왔다.

에리카는 울먹이고 있었다.

"모든 게 다 잘못됐어요. 검찰에게 당했어요. 우리 경준이는 어떡해요. 이명박을 깨끗하게 만들어주면 풀려날 수 있다는 검사의 제안에 넘어가 동생이 진술을 바꿨어요."

내가 에리카 김에게 그전부터 누누이 말했다.

"검찰과 어떤 딜을 하고 있다면 잘못하는 거예요. 검찰은 절대 김경준을 도와주지 않아요. 이명박 때문에 봐줄 수가 없어요. 검찰이 원하는 대로 딜을 하면 완벽하게 죽을 거예요. 절대 대통령 임기중에 못 나오고, 청춘을 교도소에서 보내야 해요. 그리고 이명박은 절대 돈을 포기 안 하니 돈을 다 뺏길 거예요."

그때까지도 에리카 김은 한편으론 내 얘기를 들으면서, 또 한편으론 검찰과 계속 거래를 하고 있었다. 에리카 김은 끝까지 이명박을 믿고 싶어 했다. 이명박이 차기 권력이 되리라는 두려움과 '나에게는 나쁘게 하지 못할 거야'라는 그에 대한 믿음이 있었다. 그러다가 에리카 김이 검찰에 당했다고 판단한 순간, 나에게 어떻게 해야 하느냐고 물었다. 다른 방법이 없었다. 나는 지금이라도 진실을 담보로 싸워야 한다고 했다. 시간이 없으니 핵폭탄을 터트려야 한다고 말했다.

뉴클리어 밤 2007

에리카 김은 '뉴클리어 밤'이라고 했다.

핵무기를 써도 엄청 어려운 싸움이 될 테니 나는 둘 다 각오하자고 했다. 에리카 김은 검찰청 조사실에서 김경준이 장모에게 써준 메모를 내놓았다. 메모에는 김경준이 한국까지 날아와 사기꾼이 된 내막이 고스란히 담겨 있었다. 바로 기사를 작성했다. 제목이 '이명박 이름 빼주면 구형량을 3년으로 맞춰주겠대요'였다.

"지금 한국 검찰청이 이명박을 많이 무서워하고 있어요. 그래서 지금 내가 제출한 서류 가지고는 이명박을 소환 안 하려고 해요. 그런데 저에게 이명박 쪽이 풀리게 하면 3년으로 맞춰주겠대요. 그렇지 않으면 7~10년. 그리고 지금 누나랑 보라(김경준의 부인)에게 계속 고소가 들어와요. 그런데 그것도 다 없애고. 저 다스와는 무혐의로 처리해준대. 그리고 아무 추가 혐의는 안 받는대. 미국 민사소송에 문제없게 해주겠대."

메모를 처음 보고 나는 믿을 수가 없다고 했다. 그랬더니 에리카 김은 검찰청에서 김경준이 걸어온 전화 내용을 들려주었다. 수화기에서 "누나!" 하는 김경준 씨의 목소리가 들렸다. 소름이 돋았다. 김경준은 누나에게 "검사가 형이라고 부르라고 할 정도로 친절하게 대해준다. 걱정 마. 검사 형이 자세히 설명해줘"라고 말했다. 목소리는 계속 이어졌다. 그런 녹음 파일이 여러 개 있었다. 담당했던 김기동 검사의 전화기를 통해 걸려온 전화라고 했다. 김경준은 검사가 몇 가지 진술을 바꾸어 달라는데 어떻게 해야 하냐고 묻고 있었다.

결국 그는 검사 요구대로 증언을 뒤집어 이명박 이름을 빼주고 혼자 죄를 뒤집어썼다. 그렇게 김경준과 에리카 김은 역사상 가장 유명한 사기꾼 남매가 되었다. 30대에 감옥에 간 그는 결국 50대가 되어서야 풀려날 수 있었다. 이명박에게 재산도 다 빼앗기고…….

BBK 메모 기사는 내가 평생 쓴 기사 중 가장 큰 폭발음을 냈다. 언론은 온통 이 내용으로 도배되었다. 신문 1면은 기사뿐만 아니라 하단에도 김경준 메모를 이용한 광고가 실려 있었다. 내 기사는 곧 BBK 특검으로 이어졌다. 이명박도 거부할 수 없었다. 하지만 이제 막 대통령이 된 사람을 조사하는 일이었다. 특검은 이명박에게 완벽하게 면죄부를 주었다. 꼬리곰탕을 한 그릇 나눠 먹고서는.

그리고 나는 쫓기기 시작했다.

소송 폭탄이 줄줄이 이어졌다. BBK 검사 10명이 내게 소송을 걸었다. 최재경, 김기동, 김후곤, 장영섭, 배종혁, 최성환, 박철웅, 박광배, 김양수, 김형석. 그들은 이명박근혜 정권 내내 검찰의 핵심으로 활약하며 나를 괴롭혔다. 1심에서는 내가 졌다. 그러나 2심에서 내가 이겼다. 대법원에서도 내가 이겼다. 정봉주 의원은 또 다른 BBK 재판에서 져서 1년 간 감옥에서 썩어야 했다. 진실을 말했다는 이유로. 이명박근혜를 대변하는 언론인들은 폭넓은 표현의 자유를 누렸다. 반면 나는 10년 내내 정치 검사들에게 쫓겨 다녀야 했다. 혐의와 상관없이 검사들은 나를 언론인 선거법상 명예훼손 혐의로 끈질기게 괴롭혔다. 검사님들의 성공 가도를 잘 취재했다가 꼭 기사 써드리고 싶다.

이 혐의로만 30건 정도 소송을 당한 것 같다. 소송을 당하면, 검사가 나서서 나를 구속하려 했다. 한 건 해결하면 또 다른 건으로. 검사들은 마치 결투를 신청하듯 순번을 정해가면서 나를 꺾으려 들었다. 그럴수록 나는 고개를 뻣뻣이 쳐들고 최대한 건방지게 상대해줬다. 한 번도 지지 않았다. 다 이겼다. 심지어는 언론인의 선거운동을 금지한 공직선거법 조항이 헌법에 위배된다고 헌법재판소에 위헌 법률 심판 제청 신청을 했다. 이것도 이겼다. 내 변호사님들과 함께 법을 바꾼 것이다. 이거 좀 대단한 일이다. 이로써 나는 감옥에서 조금 더 멀리 달아났다. 아직 10여 개의 소송이 남았지만.

(소송에서 이기는 비법은 내 책 《주기자의 사법 활극》에 자세히 나와 있으니 참고하시라. 이 책, 구치소와 교도소에서 독보적인 베스트셀러라고 한다. 요즈음은 팬레터보다 교도소에서 오는 편지가 훨씬 많다. 박근혜 정부에서 고초를 겪은 황기철 전 해군참모총장은 구치소에서 이 책을 두 번 읽었다고 했다. 한 번은 너무 감명 받아서, 한 번은 늦게 읽은 것을 한탄하며. 구속된 고영태도 '형님의 위대함을 감방에서 이 책을 정독하면서 알았습니다'라고 말했다. 그러면서 구속된 이후 대응 방법에 대해서는 자기가 보충하겠다고 했다.)

이지형,
메릴린치 그리고
브림

시작부터 창대했다

이명박 정부 인수위 시절인 2008년 1월, 〈뉴욕타임스〉는 미국의 투자은행 메릴린치가 15조 원 대 손실을 입어 회복이 불가능하다는 기사를 내놓았다. 메릴린치의 주가는 폭락했다. 거의 망하기 직전이었다. 메릴린치발 세계 금융위기가 밀려온다는 공포도 있었다.

이 시점에 공기업인 한국투자공사는 갑자기 메릴린치에 투자하겠다고 나선다. 한국투자공사 사장은 당시 재정경제부 조인강 심의관과 함께 대통령직 인수위 경제 1분과 강만수 간사에게 메릴린치 투자 건을 보고하러 갔다. 메릴린치에 대한 한국투자공사의 실사가 끝나기도 전이었다. 보고를 마친 2008년 1월 14일, 투자 결정을 위한 운영위원회가 급히 열렸다. 회의 초반에는 투자의 위험을 경고하는 목소리가 컸다. 거의 모두가 한목소리였다. 한 대학교수는 경영권을 못 얻는 투자이니 전략적 가치가 없는데다, 한국투자공사 외환보유 규모로는 도저히 감당할 수 없는 투자라고 반대했다. 다른 운영위원은 절차에 하자가 있다고 지적했다. 한국투자공사의 고위 임원은 의사록에 자신이 반대했다는 내용을 분명히 기록해달라고 요청하기도 했다.

그런데 15분 간 정회 후, 회의는 정반대 방향으로 흘러갔다. 한국투자공사 감사보고서는 이렇게 적고 있다.

"조인강 재정경제부 심의관이 정회를 요청해 정회한 뒤 운영위원들은 뚜렷한 이유 없이 투자 규모를 20억 달러로 의결했다."

대통령 인수위의 지시가 전달되자마자 투자는 급물살을 탔다고 한다. 서두르고 또 서둘렀다. 회의를 속개한 지 30분도 지나지 않아 무려 20억 달러, 우리 돈으로 2조 원이 넘는 돈을 파산 위기에 내몰린 메릴린치에 투자하는 안건이 의결된다.

"만장일치 통과."

결과는 뻔했다. 이 투자는 단 한 달 만에 1조 5천억 원 손실로 이어졌다. 천문학적인 액수를 손해보고도, 이렇게 처참하게 투자를 실패해놓고도, 투자를 밀어붙였던 사람들은 모두 영전했다. 회의에 참석했던 위원들이 의견을 바꾼 사실은 새로 작성된 2차 감사 보고서에선 모두 삭제됐다. 투자의 문제점을 지적한 내용과 메릴린치 투자 건을 이명박 정부 인수위에 보고했다는 내용도 함께 사라졌다.

감사원은 이런 비위 사실을 알고도 무시했다. 아무런 지적도 하지 못했다.

이 건에서 알 수 있듯, 조인강 당시 재정경제부 금융정책심의관 처럼, 우리나라는 관료, 전문가라는 소위 엘리트들이 부정(不正)의 이론적 토대를 만들어준다. 부패의 실무를 책임진다. 원칙과 양심보다 돈과 출세를 상위 덕목으로 두는 자들이 언제나 득세한다. 영혼 없는 엘리트들에게 정의까지는 바라지도 않는다. 법과 절차라는 게 있다는 걸 좀 명심하기를.

위협받고 산다, 잘하고 있는 거다

메릴린치 투자 사건은 너무 이상한 일이라 '도대체 왜?'라는 의문이 사라지지 않았다.

그러다 이명박의 형 이상득 전 의원의 아들 이지형이 개입됐다는 의혹이 드러나면서 의문의 실마리가 풀리기 시작한다. 메릴린치 20억 달러 투자 책임자는 한국투자공사 투자운용본부장(CIO) 구안 옹(Guan Ong). 이지형과 절친으로 알려진 인물이다. 중국계 말레이시아인 구안 옹은 정상적인 절차를 거치지 않고 메릴린치 투자를 마무리했다. 물론 권력자의 도움 없이는 불가능한 일이었다. 막대한 손실을 안긴 구안 옹은 2009년 한국투자공사를 떠나 싱가포르에 헤지펀드 회사 '브림(Brim, Blue Rice Investment Management)'을 세웠다. 그러자 곧바로 우리투자증권은 브림에 2천만 달러를 투자해주었다. 이 일 역시 윗선의 개입 없이는 설명되지 않는다. 돈을 투자하면서 우리투자증권은 브림에서 헤지펀드 설립과 운용에 대한 전반적인 노하우를 습득하고 있다고 했다. 경험도 실적도 없는 신생 회사에서 설립과 운용 노하우를 배운다니……. 이지형이 바로 브림의 마케팅 담당 이사다. 이지형은 이명박 정부 말기에 싱가포르로 근거지를 아예 옮겼다.

2011년과 2012년, '브림'에 찾아갔다. 그런데 마케팅 담당 이사라는 이지형의 흔적을 찾기가 어려웠다. 회사에 직원이 한 명도 없는 날도 많았다. 정상적인 회사라기에는 너무 일을 안 했다. 이지형은 싱가포르 집에도 잘 들어오지 않았다. 이지형이 자주 출몰한다는 곳에서 밥 먹고 차 마시고 주위를 서성였다. 싱가포르 금융가에 브림과 이지형에 대해 캐묻고 다녔다. 실적이 별로 없는 회사인지라 알려진 것이 없으니 별다른 정보를 얻지 못했다.

서성거림이 거슬렸는지 이지형은 직접 언론 인터뷰에 나섰다. 매일경제신문은 그가 인터뷰에 나선 이유를 이렇게 말했다.

"갖가지 정치적 의혹 제기에도 침묵했던 그는 '금융인으로 정치이슈에 휘말리기 싫어 공식 석상에 나서지 않았지만 나꼼수(나는 꼼수다) 발언은 황당한 수준이라 적극적으로 대응해야겠다고 마음먹었다.'"

내가 싱가포르와 홍콩에서 이지형의 주위를 배회할 때마다 이상한 아저씨들이 따라다녔다.

김어준 총수와 싱가포르에 갈 때면 같은 날 일본행, 홍콩행, 싱가포르행 비행기 티켓을 동시에 예약한다. 그리고 탑승 직전에 두 장은 취소하고 싱가포르행 비행기에 오른다. 그런데도 싱가포르 공항에서 반갑지 않은 아저씨들의 마중을 받아야 했다. 그들이 티를 내지는 않았지만 금세 알아챌 수 있었다. 그러나 싱가포르 시내에서도, 이지형이 자주 가는 식당에서도 우리를 따라다니는 시선을 느낄 수 있었다. 참 성실한 놈들이었다. 싱가포르 호텔 커피숍에서 나를 지켜보던 아저씨는 돌아오는 비행기 내 옆자리에서 신문을 봤다. 나와 김어준이 이야기만 하면 신문이 우리 쪽으로 기울었다.

서울에서는 차들이 나를 향해 돌진했다. 사흘 연속 덤프트럭이 달려들었다. 둘째 날, 앞에 가는 포클레인을 앞지르면 덤프트럭이 달려온다는 공식을 발견했다. 셋째 날, 정면으로 달려오는 트럭을 보면서 '아, 이렇게 가는구나' 싶었다. 장면이 그대로 정지된 듯하다가 눈앞이 캄캄했다. 오토바이 사고를 당했을 때 몸이 공중에 붕 떴다가 땅에 떨어지기 직전인 그런 기분이었다. 여러 생각이 겹쳤다. '살아야 한다'라기보다는 '한 번에 제대로 죽어야 될 텐데'라는 생각이 컸다.

다음 날 일어났는데 손이 부들부들 떨렸다. 친구 류승완 감독에게 전화를 걸었다.

"주변에 자꾸 이상한 사람들이 달려들어. 무슨 일이 있으면 뒤를……."

말을 제대로 끝내지 못했다. 류 감독은 무조건 해외에 나가 있으라고 했다. 뒤는 자기가 처리하겠다고.

김제동은 내가 불안해하면 옆에 있어준다. 방송에서보다 10배더 공감해준다. 말로는 별로 든든하지 않다고 했지만, 같이 있으면왠지 기운이 난다. 제동이한테는 신비한 기운이 있다.

이상한 낌새를 눈치챈 가수 이승환 형은 내 차를 가장 단단하게생긴 지프차로 바꿔주려고 했다. 괜찮다고 했는데도 밥만 먹고 나면 자꾸만 드라이브를 가자며 자동차 대리점 쪽으로 데려갔다.

"저 차 크다."

"저 차가 더 단단해 보이지 않니?"

내가 거절하자, 결국 형이 타던 차를 매우 합리적인 가격에 내게팔고는 내 똥차를 가져갔다.

"너는 공적인 일을 하는 사람이니 이런 거래는 확실하게 하는게 좋아. 가까울수록 더 깔끔하게 해두어야 해."

덕분에 나는 기자 중에서 제일 좋은 차 탄다. 승환이 형도 나도훨씬 더 안전해졌다고 믿으려고 애쓰는 중이다.

뭘 해도 안 될 것 같을 때, 이명박을 검찰청 포토라인에 세우지못하고 끝날 것 같을 때, 그래서 머릿속이 하얘지고 두려움이 차오를 때, 내 옆에는 친구들이 있다. 풀이는 당구를 쳐준다. 유시민 선

주진우의 이명박 추격기

배님, 김제동, 강풀이 당구 모임의 멤버다. 풀이 본인은 정말 이기고 싶어 하는데 항상 져준다. 가슴이 참 넓은 아이다. 나쁜 놈들 욕도 시원하게 해준다.

김제동이 진행하는 SBS '힐링캠프'에 이승환 형이 초대 손님으로 나간 적이 있다. 그래서 단짝인 류승완 감독, 만화가 강풀과 함께 방송에 출연했다. 방청석에서 응원하는 콘셉트로. 이날 녹화에서 승환 형은 이런 말을 했다.

"진우같이 정의로운 사람들이 텔레비전에 많이 나왔으면 좋겠다. 아니 안전하게라도 살 수 있었으면 좋겠다."

그러면서 눈물을 보였다. 형의 진심에 나도 마음으로 울었다. 물론 이 장면이 전파를 타지는 못했다. 결국 내가 나온 부분은 통편집되고, 내 이름은 이틀 동안 검색어 1위에 올랐다. 나중에 박근혜가 방송에서 나를 보고 화낼까 봐 통편집했다는 후문을 들었다.

방송 며칠 전에 내가 미국으로 이명박 취재를 가려고 했을 때 승환 형이 위험하다고 말렸다. 다른 때는 잘 다녀오라고 말해줬는데, 그때만큼은 절대 안 된다고 했다. 다른 사람들이랑 함께 가라면서. 알았다고 하고 계획을 실행에 옮기려고 했는데 제보자가 사라졌다. 이 제보자는 아직도 연락이 안 된다.

2017년 4월, 대선 직전에 전화 한 통을 받았다. 보험회사에서 걸려온 전화였다. "죄송한데 바빠서요" 하고 전화를 끊으려는데 내 생명보험 건이라고 했다.

"저한테 생명보험이 있어요? 2012년에 들었다가 바로 해지했는데요."

"있어요. 그런데 말씀드릴 게 좀 많아서요."

그는 보험사 내 담당자였다. 오래전부터 나를 응원하는 지지자라고 했다. 목소리를 들으니 괜한 말을 하는 사람은 아닌 듯했다. 약속을 잡고 만나서 이야기를 들었다. 그는 내 보험이 이상하다고 했다. 보험은 보통 사고나 질병을 대비하는데 내 보험 약관은 온통 사망에만 집중되어 있다고 했다. 사고로 죽거나 해외에서 죽어야 보험금을 가장 많이 타는 구조란다. 전쟁 나가는 사람이 드는 보험 같다고도 했다. 그러면서 조심스럽게 이런 말을 건넸다.

"이런 식으로 보험을 들면 주로 사고가 발생하기도 하죠. 가끔 뉴스에 나오는 보험금을 타려고 남편을 죽인 사건 말이지요. 기자님은 워낙 위험한 상황이어서 이렇게 보험을 들었구나 하는 생각에 마음이 아팠습니다."

내가 웃으며 말했다.

"저는 몰랐어요."

"아. 제가 괜한 소리를……."

"그래서 제가 죽으면 얼마를 받는데요?"

"최대 5천만 원이요."

그 보험 설계사는 임플란트 비용을 보장받는 약간은 평범한 보험으로 약관을 조정해주었다. 집에 가서 물어봤더니 집에 있는 분께서 그런 조건으로 보험을 들었다고 했다.

"너 죽으면 5천만 원이라도 있어야 살지."

정권이 바뀌어서 지금은 그런 일이 사라졌다. 하지만 이명박근혜 정권에서는 수상한 사람이 나를 종종 쫓아다녔다. 특히, 이명박을 심층 취재할 때…… 미행하는 사람들을 어떻게 알아보냐고? 척 보면 안다. 보통 사람들은 못 알아차릴 수도 있지만, 나에게는 경험에서 오는 촉이 있다. 이제 그 정도 노하우는 터득했다. 유턴 두 번으로 차량을 따돌리는 것도, 건물 정면으로 들어갔다가 비상구를 통해 나오면서 미행을 떨쳐내는 법도 다 터득했다. 범죄자, 특히 강력 범죄를 저지른 사람들은 눈빛이 다르다. 눈에 살기가 있다. 그런 사람들이 내 주변을 어슬렁거리고 비행기 옆자리에 턱 하니 앉아 있으니 긴장이 안 될 수가 없다. 혹시 아는가, 허리춤에 흉기라도 차고 있을지…… 정말 무슨 일이 생길 수도 있다고 생각했다. 그런데 가끔 무섭다가도 이런 생각이 든다.

'아, 내가 제대로 쫓고 있구나.'

내가 변태인가?

4억 1천6백만 캐럿짜리 다이아몬드 사기

이명박 정권 말기, 브림이 다시 언론의 주목을 받는다.

대표적인 자원외교 사기사건인 CNK 주가조작 사건에서 브림이라는 이름이 튀어나온다. 2010년 12월 중순 외교통상부는 "CNK가 아프리카 카메룬에서 최소 4억 1천6백만 캐럿에 달하는 다이아몬드 개발권을 획득했다"는 보도자료를 내놓는다. 보도자료를 내놓기 전인 2010년 7월 김은석 당시 총리실 외교안보정책관은 박영준 국무차관과 함께 대표단을 꾸려 카메룬을 방문해서 그곳 정부 관계자를 만나기도 했다. 그리고는 기자회견을 자청하기까지 했다. 카메룬 광산에 다이아몬드가 많다는, 일개 회사 보도자료를 외교통상부에서 냈다. 카메룬 다이아몬드 광산의 매장량이 전 세계 현존하는 다이아몬드 매장량의 두 배라고. 물론 사실이 아니다. 정부에서 허위 보도자료를 낸 것이다. 정부의 발표가 있을 때마다 당연히 CNK의 주가는 폭등했다. 정부의 말을 믿고 CNK의 주식을 사들인 개미 투자자들은 CNK가 상장폐지 되면서 수천억 원의 피해를 입었다. 정부가 나서 사기를 도운 셈이었다. 언론은 사기꾼의 조력자였다. KBS는 '자원외교 승전보, 김 교수가 아프리카로 날아간 사연'이란 제목의 한 시간짜리 특집 프로그램을 방송했다. 프로그램 제작비 4천만 원은 CNK가 지원했다.

장부상 CNK 측이 챙긴 부당 이득만 9백여억 원. 주가가 뛰면서 챙겼을 돈은 훨씬 더 규모가 크다. 김은석의 친·인척들은 CNK 주식을 6억 원어치 이상 사들여 막대한 시세 차익을 봤다. 이분들 참, 돈 쉽게 번다. 이명박의 측근답다.

CNK 주가조작 사건이 어떻게 처리됐을까?

얼마 지나지 않아 주가조작 의혹이 불거졌다. 검찰 조사가 시작되자 오덕균 CNK 대표는 해외로 도피했다. 오 씨는 동네 목욕탕을 하다가 CNK인터내셔널 대표가 됐다. 다른 경력은 없었다. 다른 주요 인물도 종적을 감추었다. 그러던 어느 날 CNK 임준호 부회장이 숨진 채 발견된다. 그는 주가조작 사건으로 재판을 받고 있었다. 임씨는 대법원 재판연구관 출신으로 대형 로펌 세종에서 변호사로 근무했다. 대한변호사협회 이사로 활동하면서 다문화가정을 돕는 등 공익 활동에도 적극 나섰다고 한다. 그런데 어느 날 서울 용산구 한남동 자택 주차장 차량 안에서 죽어 있었다. 차량 안에서는 타다 남은 번개탄과 유서가 발견됐다.

"내가 주가조작을 한 것처럼 알려져 억울하다. 가족에게 미안하다……."

또 사람이 죽었다. 이 동네에서는 너무 많이 죽는다.

한 사람이 죽으니 다른 공범들은 편해졌다.

임 씨가 사망하면서 이 사건은 유야무야된다. 그의 죽음으로 박영준 전 차관을 비롯해 주가조작 관련자 모두가 자유로워졌다. 검찰 수사를 피해 해외로 도피했던 오덕균은 귀국했다. 그리고는 기소됐다. 하지만 가장 중요한 범죄 주가조작 혐의에 대해서 법원은 무죄를 선고했다. 카메룬 다이아몬드 광산의 추정 매장량 발표가 허위인지 알 수 없다는 게 법원의 판단이다. 결국, 외국환거래법 위반, 배임 등의 혐의만으로 유죄. 결국 오덕균은 징역형을 피하고 자유의 몸이 된다. 2017년 6월 대법원은 오덕균에 대해 징역 1년 6개월에 집행유예 2년을 확정했다.

카메룬 다이아몬드 개발 사업에 관여했던 이명박 정권의 실세 박영준 전 차관에 대해서 검찰은 기소조차 하지 못했다. 외교부 차관을 거쳐 총리실장을 찍었던 조준표는 CNK 고문으로 맹활약했지만 역시나 무혐의. 이들의 부하로, 외교통상부라는 정부 조직 이름을 내걸고 개인 회사 CNK를 띄우는 허위 보도자료를 낸 김은석 전 외교통상부 에너지자원대사는 어떻게 됐을까? 1, 2심은 물론 대법원에서도 무죄를 선고받았다. "내용이 허위임을 인식했다거나 오덕균과 공모했다고 보기 어렵다"는 이유로. 행정법원은 김은석이 CNK 주가조작 사건에 가담한 혐의로 기소되면서 에너지자원대사에서 직위 해제당한 것은 위법하다는 판결까지 해줬다. 친절하게도.

대법원 판결 직후 김은석은 기자들에게 말했다.

"나는 에너지자원대사로서 소신을 가지고 능동적으로 일했을 뿐이다. 정치적 고려에 따른 부당한 검찰권 행사로 공직자로서 국가를 위해 봉사해야 할 귀중한 시간을 5년 5개월이나 탈취당했다. 무죄사건에 대해 검찰 소추권 남용과 월권의 책임을 묻는 법적·제도적 장치가 마련되길 바란다."

참, 잘나셨다. 이명박의 부하답다. 사실 오덕균과 김은석을 수사한 정치 검사님들이 더 큰 문제다. 거짓과 잘못을 바로잡을 기회를 날려버렸다. 명백한 범죄는 눈감아주고, 쓸데없는 죄로 기소해서 사건을 엉망으로 만들어버렸다. 강도에게 도둑질한 죄를 물으니 무죄판결이 날 수밖에……. 이명박 졸개들이 활개치고 해먹을 수 있었던 이유가 정치 검사들, 정치 판사들 때문이다.

저주받으리라, 부패한 법률가들이여!

화를 꾹꾹 눌러 참고, 다시 브림으로 가보자.

민주당 우제창 의원이 '우리투자증권 → 브림 → 크레디트스위스 → CNK'로 이어지는 수상한 자금 흐름이 있다고 주장했다. 2009년 우리투자증권이 2천만 달러를 브림에 투자했다. 이 돈은 브림 설립에 종잣돈이 됐다. 브림은 헤지펀드 운용에 전담중개자(프라임브로커)로 크레디트스위스를 선정했다. 그리고 2011년 CNK는 크레디트스위스 싱가포르 지점에서 주식을 담보로 1천만 달러를 대출 받았다. 오덕균 CNK 대표는 당시 주주총회에서 "세계적 금융기관인 크레디트스위스 싱가포르 지점으로부터 1천만 달러를 조달했다. 크레디트스위스는 당사에 대한 철저한 조사 결과 사상 처음으로 중소기업에 대규모 대출을 결정했다"라고 말했다. 중소기업 CNK가 스위스의 공신력 높은 은행에서 대출을 받은 것은 엄청난 호재였다. 당연히 다음 날 CNK 주가는 폭등했다. 우제창 의원은 "우리투자증권 투자도 이지형 씨 때문이었을 것이다. 크레디트스위스가 CNK에게 주식담보대출을 해주도록 주선하는 대가로 브림이 우리투자증권으로부터 2천만 달러를 투자받았을 가능성이 있다"라고 말했다. 우제창 의원은 이 대출에 이지형과 구안 옹의 역할이 있었다고 주장했다. 구안 옹은 크레디트스위스 출신이다.

그림은 보이는데, 냄새가 나는데⋯⋯. 관계 당국이 손을 놓고 있으니 실체를 밝힐 수가 없다. 물어보고, 물어봐도 진전이 없다. 거대한 벽 앞에 막혀버렸다.

11조 4천억 원을 날린 메릴린치

2조 원이 넘는 손실을 낸 캐나다 정유회사 하베스트 인수 건.

석유공사는 서둘렀다. 왜 그랬는지는 잘 모르겠다. 서두를 이유가 없는데도. 의심은 간다. 이명박⋯⋯. 석유공사가 하베스트를 인수하려 하자 모두가 미친 짓이라고 했다. 심지어 하베스트까지. 캐나다 언론들은 일제히 꼼수가 숨어 있다고 했다. 하베스트는 죽어가는 회사가 아니라 죽은 회사였다. 부실 덩어리, 손실 덩어리. 가동이 중단된 공장은 녹 덩어리였다. 미래에 나아질 기미가 있었던 것도 아니다. 예상 수익률이 투자가 불가능한 수준이었다.

그러자 석유공사는 방법을 찾아낸다.

그들은 메릴린치에 평가보고서를 주문한다. 5일 만에 메릴린치는 각종 지표를 조작해 보고서를 만들었다. 인수 과정에서 부족한 명분을 채우려고 '특별 주문'한 메릴린치의 자문 보고서에는 하베스트가 정유부문에서만 2조 원의 순이익을 낼 것이라고 써 있다. 기업 가치를 과대평가했다. 아니 조작했다. 그런데도 석유공사는 이사회 의결도 거치지 않고, 현장 방문 한 번 없이 4조 5천5백억 원을 주고 하베스트를 사들인다. 불과 수백억 원짜리를. 다 망한 회사, 누구도 거들떠보지도 않는 회사에 경영권 프리미엄 값으로 4천억 원이 넘는 돈을 주었다. 〈월스트리트 저널〉은 "이것은 하늘이 준 선물이다"라고 조롱했다.

석유공사는 바보인가? 멍청이인가?

이 사기사건에서 메릴린치는 명백한 공범이다.

메릴린치는 막대한 컨설팅비와 함께 인수 성공 보수로만 80억 원 이상을 받았다. 한국석유공사는 해외 자원 개발에 투자한 총 18조 원 가운데 12조 원 규모의 투자 사업에 대해 메릴린치에서 자문을 받았다. 하베스트 건 이외에도 미국의 앵커·이글포드 유전 개발 사업, 영국의 유전 개발사인 다나 인수 등도 메릴린치 작품이다. 그런데 메릴린치의 자문을 받은 12조 원의 투자금 가운데 회수한 금액은 6천억 원이 조금 넘을 뿐이다. 투자금 회수율이 5퍼센트 정도. 나머지 돈은 묶이거나 공중으로 날아갔다. 이게 자문인가? 사기인가? 쪽박 차는 투자 자문을 해놓고 메릴린치는 자문료로 240억 원이 넘는 돈을 챙겼다. 너무 이상하지 않은가? 카지노에 돈을 걸어도 자금 회수율이 5퍼센트보다는 높다. 소가 뒷걸음질로 쥐를 잡을 확률이 이 정도는 될 것이다.

석유공사에 자문을 한 메릴린치의 서울 지점장은 피터 김(Peter Kim). 한국 이름 김형찬. '이명박의 집사'로 불리며 40년 동안 이명박의 금고 지기로 살고 있는 김백준 전 청와대 총무비서관의 아들이다. BBK 소송을 시작으로 포스코 땅 매각, 다스, 내곡동 사저 매입 등 이명박의 돈이 있는 곳에는 어김없이 그의 이름이 나왔다. 피터 김은 이명박 정부 초기에 메릴린치 서울 지점에 상무로 특채됐고, 승진을 거듭하다 지점장에 올랐다. 자원외교 국정조사에서 김형찬 이름이 나오자, 자유한국당(당시 새누리당) 권성동 의원은 성명을 내고 "김형찬 씨가 하베스트 인수 자문에 관여했다는 주장은 사실과 다르다"라고 반박했다. 이게 국회 법사위원장의 수준이다. 이게 자원외교 국조특위 여당 간사의 클래스다. 이 정도는 해야 친이계 핵심 의원이 될 수 있다.

김형찬, 피터 김 관련해서 아시는 분, 제보 부탁드립니다.
언제라도, 어디라도 환영합니다. 꾸벅.

메릴린치의 역할을 밝히면 하베스트 부실 투자의 전모를 알아낼 수 있다.

메릴린치를 고소하면 돈을 찾을 수도 있다. 부실 기업에 투자된 그 천문학적인 돈이 다 어디로 갔는지도 알 수 있다. 이명박 정권의 실세들이 추진했던 자원외교의 실체는 명확하다. 돈을 빼먹기 위해 투자로 위장한 사기사건, 그 이상도 이하도 아니라고 생각한다. 그래서 메릴린치를 고소해서 사기극의 전말을 밝히자고 뛰어다녔다. 국회로, 민변으로, 시민단체로……. 이종걸 민주당 당시 원내대표를 괴롭혀서 민주당 의원들과 전문위원들을 모아 회의도 열었다. 결국 참여연대, 민변 등으로 구성된 'MB 자원외교 진상규명 국민모임'이 김형찬과 당시 메릴린치 서울지점장 안 아무개 씨의 배임 혐의를 수사해달라고 서울중앙지검에 고발장을 냈다. 수많은 사람들이, 수백 일 동안 노력한 끝에 이뤄낸 결과였다. 그런데 검찰은 소환 조사도 없이 바로 무혐의 처분을 내렸다. 예상은 했지만, 허무했다.

왜 나는 지는 싸움만 하고 있는지…….

얼마나 더 져야 하는지…….

천재 사기꾼
둘의 담합

이명박은 대통령이 되기 전부터 자원외교에 집착했다.

대운하 사업 각본을 일찌감치 짜놓고 재벌 건설사와 짬짜미 계약을 미리 체결한 것처럼. 이명박이 최대 치적으로 내세운 자원외교는 단군 이래 최대 사기극이었다.

2008년 2월 14일 밸런타인데이에 이명박 당선자는 이라크 쿠르드 자치정부 니제르반 바르자니 총리를 접견했다. 이 자리에는 최규선이 배석했다. 만남 직후에 한국석유공사 등이 참여한 컨소시엄은 쿠르드 유전 개발 사업 양해각서(MOU)를 체결했다. 그리고 자원외교 1호 작품을 발표한다. 이라크 쿠르드 유전 개발 사업. 대통령 취임식도 치르기 전이었다.

언론은 앞다투어 뻥튀기를 해댔다.

"(시추봉을) 뚫기만 하면 원유가 나올 것", "우리나라 연간 원유

소비량 2년치에 이르는 원유 확보", "에너지 자원 확보는 물론 쿠르드 대규모 SOC 건설 사업 진출" 등…….

심지어 패키지형 자원 개발 사업의 첫 결실이라고 치켜세웠다. 그러니 기자들이 기레기라고 욕먹는다.

최규선.

희대의 사기꾼으로 불리던 바로 그 최규선 맞다. 이명박과 최규선과의 결탁을 두고, 천재 사기꾼들의 담합이라고 비아냥거리는 소리가 들렸다. 큰 사기꾼들은 나의 주요 관심사. 게다가 가카와 함께 등장하다니……. 우선 최규선 주변을 파기 시작했다. 서방파 두목급 나 아무개 씨와 동교동계 원로 정치인, 기업 사냥꾼, 주가조작범 그리고 유명 연예인에게서 최규선 이야기를 자세히 들을 수 있었다.

최규선은 DJ 정권에서 대형 게이트를 일으킨 인물로, 마이클 잭슨을 김대중 대통령에게 소개해서 유명해졌다. 최규선이 마이클 잭슨과 사귀게 된 과정이 대단히 특이하다. 언론에서는 최규선이 마약 퇴치 운동을 위한 자선기금 모금 파티에서 마이클 잭슨을 처음 만났다고 했다. 또 최규선이 선산을 팔아 마이클 잭슨 어머니에게 16만 달러짜리 롤스로이스 차를 사줘 마이클 잭슨을 감동시켰다는 일화도 보도됐다.

언론에 알려진 것 말고, 최 씨가 마이클 잭슨과 친해진 진짜 내막을 그와 절친한 연예인에게 들을 수 있었다. 둘은 감방 생활을 함께해서 아주 가까운 사이였다.

"최규선이 마이클 잭슨과 사귀려고 매일 아침 마이클 잭슨 집 앞에 서 있었어. 관심을 갖지 않자 어린 아이들을 데리고 집 앞에 서 있기 시작했지. 마이클 잭슨이 조금은 관심을 가지더래. 그래서 생일 날 아이들에게 색동저고리를 입혀서 집 앞에서 노래를 부르게 했어. 그랬더니 마이클 잭슨이 차에서 내렸다고 해. 그러고는 집 안으로 들어오게 했어. 그날 이후 최규선은 마이클 잭슨의 친구가 되었지."

정말이지 대단한 최규선이다. 최규선은 이런 노력으로 헨리 키신저 전 국무장관, 로버트 스칼라피노 UC 버클리 석좌교수, 스티븐 솔라즈 전 하원의원, 조지 스테파노풀로스 전 백악관 대변인 같은 미국 유력 인사들과 친구가 되었다. 그는 무슨 이벤트만 있으면 이들을 데리고 행사장에 모습을 드러냈다. 한국 외교관들이 최규선이 마이클 잭슨에게 쏟은 노력의 10분의 1만 따라 해도 우리나라는 통일에 성큼 다가섰을 것이다.

이명박과 최규선이 만났지만 사업은 첫 삽을 뜨기 전부터 삐걱거렸다. 쿠르드 유전 개발 프로젝트는 이라크 중앙 정부의 격렬한 반대에 부닥친다. 이라크의 소수 민족인 쿠르드가 다른 나라와 손을 잡고 자원 개발에 나서는데 이라크 중앙 정부가 좋아할 리 없지 않은가? 이 프로젝트로 인해 우리나라와 이라크와의 관계까지 틀어졌다. 하지만 이명박은 경제 대통령의 첫 치적이라고 자화자찬을

늘어놓았다. 언론은 7퍼센트 경제성장을 이끌 '경제 대통령'이 첫걸음을 뗐다고 칭송했다.

물론 결과는 대실패.

하루에 20만 배럴 생산이 가능하다던 바지안 광구는 시추 결과 하루 2백 배럴이 나왔다. 딱 1000분의 1. 1퍼센트도 아니고 0.1퍼센트. 추정 매장량 7억 9천만 배럴이라던 상가우 노쓰 광구에서는 석유가 아니라 물만 나왔다. 그런데도 쿠르드 지역에 사회기반 시설은 계속 지어주어야 했다. 더 나쁜 일도 있다. 이라크 중앙 정부는 "중앙 정부를 거치지 않은 계약은 불법"이라며 이라크와 거래하고 있던 SK에너지 등 한국 기업에 불이익을 주었다.

감사원 감사에 따르면, 2010년 말 쿠르드 유전 개발 사업의 손실은 1조 3천억 원에 육박했다. 더 나쁜 소식, 손실은 점점 커져 간다. 하지만 이상하게도 정부는 쿠르드 쪽 사업을 되레 더 확장하려고 했다. 2015년에는 손실이 2조 989억 원까지 늘었다. 이 사업에서 최규선은 4백억 원 이상 벌어들였다. 이명박 쪽에서는 더 많은 돈을 챙겼을 것이다.

최규선은 어떻게 됐을까?

이 일로는 그 어떤 책임도 지지 않았다. 돈만 왕창 벌었다. 대신 회삿돈 수백억 원을 빼돌린 혐의로 1심에서 징역 5년을 선고받고 구속됐다. 2017년 4월에는 녹내장 수술을 받는다고 법원에서 구속집행정지 허가를 받았다. 최규선은 병원에서 달아났다가 보름 만에 검거됐다. 물론, 이명박 쪽에서 형사적 책임을 진 사람은 아무도 없다. 재앙 같은 사업을 진행한 하찬호 이라크 대사를 비롯해 석유공사 관계자들은 거의 모두 영전했다.

이명박 대통령 인수위원회에 파견되어 있던 하찬호 대사, 중요한 인물이다. 후에 그는 캐나다에서 화려하게 다시 등장한다.

쿠르드 유전 개발 사업을 발표한 지 4년이 지난 2011년 6월, 석유공사 배 아무개 과장이 숨진 채 발견됐다. 그는 이라크 쿠르드 사업의 석유공사측 실무 책임자였다. 취재해보니 배 과장은 평소 실패한 쿠르드 사업에 대해 걱정을 많이 했다. 윗사람들은 나가거나 좋은 자리로 떠났다. 배 과장은 나중에 이 문제를 책임져야 할 위치에 있었다. 그렇다고 그가 죽을 이유는 없었다. 그러나 배 과장이 영원히 아무 말도 할 수 없게 되면서 홀가분해진 사람이 한둘이 아니었다. 숨진 배 과장은 마흔 살로, 자녀 둘을 둔 아빠였다.

단군 이래
최대 사기사건

이명박 대통령은 '에너지 자주 개발률을 20퍼센트대까지 끌어올리겠다'라며 자원외교를 밀어붙였다.

당선자 시절인 2008년 1월 이명박은 한승수 국무총리를 지명한다. "자원외교를 할 수 있는 가장 적격자"라고 이유를 밝혔다. 자원외교를 위해 2인자를 세우다니……. 그는 공기업·사기업 할 것 없이 실적을 내야 한다고 밀어붙였다.

실질적인 자원외교의 수장은 이명박의 친형인 이상득 전 의원이었다.

그는 대통령 특사 자격으로 자원외교를 주도했다. 자원외교 활동을 묶어 《자원을 경영하라》는 책도 출간한다. 그는 산소호흡기에 의존하기도 하고 때로는 퉁퉁 부은 발에 침을 맞아가며 전 세계 곳

곳을 돌아다녔다고 썼다. 남미와 아프리카, 중앙아시아 등 12개국 방문, 각국 정상과의 면담만 23차례. 이상득이 돌아다닌 비행 거리만 29만 4,883킬로미터에 달한다고 자랑했다. 그가 쌓은 마일리지는 고스란히 국민의 피눈물이 되어 돌아왔고 국가의 손실로 이어졌다. 발이 퉁퉁 부었을 때 좀 누워 있었으면 좋았을걸…….

실무 책임자는 '왕차관' 박영준 지식경제부 차관이었다. 그 아래 강영원 한국석유공사 사장, 주강수 한국가스공사 사장, 김신종 한국광물자원공사 사장 등이 주역으로 움직였다. 모두 이명박의 최측근이었다. 총 지원단장은 최경환 경제부총리. 외교통상부는 창구 역할을 맡았다. 이명박 정부는 출범과 함께 에너지자원대사직을 신설하고, 73개 재외공관을 에너지 거점 공관으로 지정했다.

이명박 집권 이후 체결된 해외 자원 개발 양해각서 총 71건 가운데 본 계약으로 이어진 건은 단 1건에 불과했다. 정부 공식 통계 자료에 따르면, 이명박 정부에서 투자한 해외 자원 개발 사업은 모두 388곳, 43조 원 규모다. 조금이라도 이익을 낸 곳은 5곳. 40조 원 손실. 앞으로 40조 원이 더 들어가야 한다. 40조 원이 더 들어간다고 이익이 나는 것도 아니다. 이미 들어간 돈도, 더 들어가야 할 돈도 고스란히 국민 세금이다. 실제로 자원외교에 나섰던 이들은 세금을 파먹는 데 정신이 없었다. 최소한 수십조 원을 빼먹었다. 자원외교 주변을 서성이던 이들 모두가 공범이다. 사기꾼이다. 자원외교에 나섰던 석유공사, 광물공사, 가스공사도 마찬가지다. 잘못이라는 걸 알면서도 누구 하나 반대한 이가 없다. 양심선언을 한 이도 없다. 정권이 바뀐 지금도……

　사기꾼들이 성실할수록 피해가 커진다. 피할 수 없는 결과다. 이명박 집안사람들이 부지런해서 국가의 손실이 이만저만이 아니다. 차라리 박근혜처럼 주사 맞고 드라마나 보았다면 국가 경제 사정이 좀더 나았을지도.

자꾸 죽는다

이상한 일이다.

박근혜 주변에는 석연치 않은 죽음이 많다. 특히, 돈과 관련된 핵심 관계자들이 많이 죽었다. 박근혜, 박지만의 오른팔이 잔인하게 살해당했다. 살해 용의자도 곧바로 자살'당했다.' 살해당한 오른팔의 오른팔은 라면 먹다 죽었다. 그 사람을 감시하던 사람은 심장마비로 숨졌고. 2017년 6월 초에도 5촌 살인사건의 핵심 인물인 박지만의 비서실장 정용희가 동해안에서 자살을 시도했다. 그는 주변 사람들에게 두렵다고 했다. 유서를 써놓고 죽고 싶지 않다고 했다고 한다. 자살을 당할 뻔한 정황이 한두 가지가 아니었다.

사업이 다양해서인지 이명박 주변에서는 다채로운 방식으로 사람들이 죽는다. 특히, 사업의 책임자 가운데 꼭 죽는 사람이 나온다. 이건 공식이다. 이명박의 조카사위, 그러니까 이명박의 큰형 이상은 다스 회장의 사위 전종화는 2009년 명동 사채업자들의 돈을 모아 나무이쿼티라는 회사를 세웠다. 나무이쿼티는 국내에서 무선 모뎀을 최초로 상용화한 씨모텍이라는 회사를 인수했다. 이명박 친척이 경영한다는 사실이 알려지면서 씨모텍은 '대통령 테마주'로 떠올랐다. 씨모텍이 제4세대 이동통신 사업을 추진한다는 기사가 나면서 주가는 5배 이상 치솟았다. 전기차 사업에 뛰어든다는 기사가 나가고, 이명박 대통령은 청와대에서 전기차를 시운전하는 장면을 보여주었다. 주가는 또다시 폭등했다. 그러다 씨모텍 주가는 곤두박질친다. 그러다 결국 상장폐지 됐다. 1만 2천 명 소액 투자자들의 수백억 원대 주식은 휴지가 됐다. 주가조작 사기의 교과서에 나올 법한 사건이었다. 특이 사항은 대통령이 홍보맨으로 직접 등장한다는 것이다.

2011년 검찰이 나섰지만 애초부터 수사 의지가 없어 보였다. 수사 속도는 더디고 더뎠다. 그런 와중에 씨모텍 김 아무개 사장이 목숨을 끊었다. 당시 김 사장이 사라지자 관련자들도, 검사도 안도하는 모습이었다. 취재를 나갔는데 안타까워하는 이를 찾아보기 힘들었다. 너무 티가 났다. 결국 2017년 5월이 되어서야 서울중앙지검 강력부는 이명박의 조카사위 전종화에게 무혐의 처분을 내렸다. 검사들도 공동체 의식이 있는 것 같다……. 정말 대단한 놈들이라는 생각이 매일 든다.

이 동네에는 수상한 죽음이 너무 많다.

사라진 사람들도 꽤 있다. 처음 이명박의 싱가포르 비자금 저수지를 쫓는 데 실마리를 준 분은 6개월 전부터 연락이 안 된다. 잘 있다는 안부를 건너 듣곤 했는데 그마저 희미해졌다. 지금은 사라진 상태다. 제발 살아 계셔야 할 텐데……

한국판
<오션스 일레븐>

치사하고 뻔뻔한 청계재단

전 재산으로 만들었다는 청계재단.

이 재단에서 사회에 환원한 액수가 공익재단이 면제받는 세금, 딱 그만큼이었다. 이제는 그보다 더 적다. 2011년 7월 '알면 알수록 수상한 이명박 청계재단'이라는 제목의 기사로 청계재단의 꼼수를 제일 먼저 세상에 알렸다. 이명박이 '살 집만 남긴 채' 전 재산을 기부해 설립했다는 청계재단이 이상하다고. 싹 다 구라라고. 장학금 액수도 재단 운영비보다 턱없이 적다고. 어쨌든 전 재산을 내놓았는데 이명박은 아직도 아주 큰 부자라고.

〔 알면 알수록 수상한 이명박 '청계재단' 〕

이명박 대통령이 '살 집만 남긴 채' 전 재산을 기부해 설립했다는 청계재단에 대한 논란이 끊이지 않는다. 재단 활동이 시원치 않은 데다 지난해 처음 지급한 장학금 액수도 총수익의 3분의 1밖에 안 된다.

2011년 07월 04일 〈시사IN〉 제198호

"우리 내외가 살 집 한 채만 남기고 가진 재산 전부를 내놓겠다." 지난 대통령 선거 직전인 2007년 12월 7일 이명박 후보는 이렇게 약속했다. 선거 기간 내내 이명박 후보는 BBK·다스·도곡동 땅 실소유주 의혹으로 골치를 앓았다.

2009년 7월 6일 이 대통령은 재단법인 청계를 설립한다고 발표했다. 그러고는 자신 소유의 서울 서초동 영포빌딩과 대명주빌딩, 양재동 영일빌딩을 청계재단에 내놓았다. 빌딩 세 채에 대한 감정평가액은 395억 원. 총 기부액은 임대보증금 등 부동산 연관 채무 64억 3천여만 원을 뺀 331억 4천2백만 원이었다.

기부 당시 이 대통령은 '재단법인 청계 설립자 이명박'이라는 이름으로 '재단법인 청계의 설립에 즈음하여'라는 글을 발표했다. "제가 재산을 자식에게 물려주지 않고 사회를 위해 써야겠다고 생각한 것은 꽤 오래전부터였습니다. 우리 사회가 물질로

서만 아니라 마음으로 서로 사랑하는 아름다운 사회가 되었으면 하는 것이 제 진실한 소망입니다."

청와대에서 기자회견을 연 청계재단 송정호 이사장은 "이제 대통령은 물질적 욕심이 없을 것으로 믿는다. 오직 성공한 대통령으로서 성공하는 대한민국을 만드는 데 기여한다는 욕심 하나밖에 없을 것으로 확신한다"라고 말했다. 이동관 당시 청와대 대변인은 "오른손이 하는 일을 왼손이 모르게 해야 한다는 개인 철학이 있었다. 최고지도자 재임 중에 재산 대부분을 사회에 기부한 것은 세계 정치사에 유례없는 일이다"라고 말했다.

대통령의 재산 기부는 큰 화제였다. 언론은 이를 대서특필했다. 〈연합뉴스〉는 "이 대통령의 재산 기부는 어제 입적한 법정스님의 '무소유 정신'에서 영향을 받았다"라고 보도했다. 미국 〈뉴욕타임스〉는 "부유한 부모들이 후손들에게 재산의 대부분을 상속하는 한국 내 부유 계층의 행동과 비교할 때 이 대통령의 재산 기부는 무척 이례적인 일이다"라고 평가했다.

그러나 이후 청계재단의 활동은 그다지 알려진 바가 없다. 2010년 6월 15일이 되어서야 재단 홈페이지를 열었다. 그러나 '홈페이지를 오픈했다'는 공지사항 이외에는 아무런 내용이 담겨 있지 않다. 홈페이지에는 다음과 같이 재단을 소개하고 있다. "재단법인 청계는 이명박 대통령께서 약속한 전 재산 출연으로 이루어진 재단입니다." 송정호 이사장 인사말에도 "이명박 대통령께서 출연하시기로 약속한 전 재산으로 형편이 어려운 학생들에게 배움의 기회를 넓혀주기 위하여 설립된 공익 재단입니다"라고 밝혔다.

자기 재단에 돈 내는 게 기부인가?

찬양 일색이던 언론 보도와 달리 일각에서는 청계재단 설립 때부터 논란이 있었다. 특히 재단을 직접 만들어 기부한 방식을 두고 진정한 기부라고 보기는 어려운 것 아니냐는 지적이 제기됐다. 한 장학재단 관계자는 "재벌이 재단을 만들어 생색을 내면서 상속이나 증여의 수단으로 삼곤 했다. 이 대통령이 다른 재단에 재산을 기부했다면 기부의 의미가 한층 빛났을 것이다"라고 말했다.

청계재단 이사장은 이 대통령의 절친한 대학 동기이자 후원회장을 지낸 송정호 전 법무부 장관이 맡았다. 이사를 맡은 김승유 하나금융지주 회장, 류우익 서울대 교수(전 대통령실장)도 '절친'으로 꼽히는 인물이다. 그 밖에 김도연 울산대 총장(전 교육과학기술부 장관), 문애란 퍼블리시스웰콤 대표, 박미석 숙명여대 교수(전 청와대 수석), 유장희 이화여대 교수, 이왕재 서울대 교수, 이재후 김앤장 법률사무소 대표변호사, 이상주 변호사 등 9명이 이사진에 포함됐다. 이 중 이상주 변호사는 대통령의 사위로, 그가 이사진에 참여한 것을 두고 편법 증여 아니냐는 논란이 일기도 했다.

재단 감사는 김창대 세일이엔씨 대표와 주정중 삼정컨설팅 회장이 맡았다. 김창대 감사는 포항 동지상고 동창으로 이 대통령 후원회인 '명사랑' 회장을 지냈다. 다스 주식의 4.16퍼센트(1만 2천4백주)를 갖고 있어서, 이 대통령 집안과는 사업적 파트너 관계다. 주정중 감사는 1997년 국세청 조사국장으로 일할 때 100대 기업인을 사무실로 불러들여 한나라당 대선 자금에 쓸 돈을 받은 혐의로 구속된 바 있다.

현재 서울 서초동 영포빌딩 1층에 자리한 청계재단은 이 아무개 청계재단 사무국장과 여직원 한 명이 자리를 지키고 있다. 이 아무개 씨는 이 대통령이 소유한 서울 서초동 영포빌딩을 관리하던 대명기업 직원으로, 도곡동 땅 매각 대금도 관리했던 인물이다. 대선 당시 대명기업은 대통령의 큰딸 주연 씨와 아들 시형 씨가 위장 취업했던 곳이기도 했다. 주연 씨는 이상주 변호사의 부인이다.

'편법 증여용 재단' 의혹도

청계재단 설립 당시 한 청와대 관계자는 "청계재단 사람들은 대통령이 가장 믿을 수 있는 이들로 직접 선정했다"라고 말했다. 서울교육청 평생교육과 담당자는 "재단 이사에 설립자의 친구와 지인을 임명하는 것은 막을 수 없다. 공익재단의 경우 가족이나 고용 관계에 있는 특수관계자가 이사의 5분의 1을 초과할 수 없다는 규정이 있지만, 재단 직원에 대한 규정은 없다"라고 말했다.

청계재단의 재원은 대통령이 내놓은 건물 임대료로 마련된다. 재단 출범 당시 청계재단 송정호 이사장은 "서울 서초동 영포빌딩과 대명주빌딩, 양재동 영일빌딩 건물에서 나오는 임대료 수입이 월 9천여만 원, 연 11억 원가량 된다"라고 밝혔다. 여기에 사돈 기업인 한국타이어에서 재단에 3억 원을 냈다. 올해 초에는 이 대통령의 처남 김재정 씨가 죽은 후 다스 주식 5퍼센트를 청계재단에 출연했다. 송정호 이사장은 "원래 다스가 주식 10퍼센트를 내놓으려 했는데 재단이 생긴 지 3년이 지나지 않았다는 이유로 5퍼센트밖에 받을 수 없었다. 최근 몇 년간 다스가 배당한 적이 없어서 실질적으로 재단 수입이 나아진 것은 아니다"라고 말했다. 기자가 "누가 주식을 내놓았는가"라고 묻자, 이 아무개 사무국장은 "김재정 씨 사후에 사모님이 송정호 이사장께 주식을 더 많이 내놓고 싶다고 상의했다. 주식 5퍼센트는 1백억 원 상당의 액수다"라고 말했다.

국세청 공익법인 결산 서류에 따르면 청계재단은 2009년 총자산 456억 9천만 원을 보유했다. 그 가운데 금융자산이 53억 3천만 원이었다. 재단은 부동산 임대수익으로 2억 3천만 원 등 총

2억 4천만 원 수입을 신고했다(청계재단은 2009년 9월부터 공익법인으로 신고를 시작했다. 재단 설립 후 청계재단은 은행에서 50억 원을 대출받아 세금을 정리하고 채무를 변제했다). 청계재단은 2010년 현재 토지·건물·금융자산 등을 합해 총자산 404억 원을 보유하고 있다. 2010년 부동산 임대료로 12억 2,677만 원, 고유목적 사업으로 6억 9,927만 원, 금융이자로 3억 3백만 원, 기타수익 사업으로 1,368만원 등 총 19억 3천만원(제 경비 차감)의 수입을 올렸다. 다스 주식 5퍼센트는 제외한 액수다.

청계재단은 2010년 첫 장학금을 수여했다. 국가유공자·다문화가정·북한 이탈 주민·소년소녀가장 등 445명에게 총 6억 2천만 원의 장학금을 전달한 것이다. 장학재단 총수입(19억 3천만 원)의 3분의 1에 미치지 못하는 금액이다. 2011년 청계재단은 408명에게 장학금 6억 5백만 원을 전달할 예정이다.

"대통령이 전 재산을 출연한 것치고는 장학금 액수가 적은 것 아니냐"라고 기자가 묻자 청계재단의 한 관계자는 "재단 부동산은 3년간 매도할 수 없어서 재단 활동에 제약이 있다. 그나마 공익법인이어서 세금우대 혜택을 받아 겨우 유지하고 있다"라고 말했다. 그는 또 "20년이 넘은 영포빌딩과 영일빌딩은 기계실이 낡아서 건물관리비와 수리비가 많이 든다. 보일러 기사, 경비들 급여 비용도 상당하다. 재단이 출범한 뒤 비용을 줄여보려고 경비 1명을 내보냈다"라고 덧붙였다.

"건물 소유자들, 재단 설립해 '세테크'한다"

그러나 공익재단이 받게 돼 있는 세금우대 혜택 등을 감안하면 청계재단의 이 같은 설명에는 석연치 않은 대목이 있다고 전문가들은 말한다. 국세청 한 고위 관계자는 "비영리 재단의 경우 비영리 공공 목적에 사용하는 돈에 대해서는 소득세와 법인세·주민세 등이 면제된다. 총수입의 30~35퍼센트에 해당하는 액수다"라고 말했다. 그의 셈법에 따르면 청계재단의 경우 한 해 면제받는 세금이 총수입(19억 3천만 원)의 30~35퍼센트인 6억 원 안팎에 달하는 셈이다. 윤종훈 회계사는 "재단 수익사업의 경우 비용으로 인정받아 세금을 내지 않는 방법이 있고, 비수익사업의 경우 세금이 아예 없다"라고 말했다.

이 대통령이 재단을 설립한 의도를 순수하게 보지 않는 시각이 일부에 존재하는 것은 이 때문이다. 서초동 영포빌딩 근처의 한 건물주는 "건물을 공익재단 소유로 돌리면 소득세 22퍼센트를 감면받고 주민세·보유세 일부도 면제받는다. 건물 많이 가지고 있는 사람들 중에서 재단을 만든 사람이 적지 않다"라고 말했다. 서울 강남구 청담동의 건물주 서 아무개 씨는 "자식에게 건물을 상속하면 재산의 40퍼센트 가까이를 세금으로 뺏긴다. 재단을 만들어 넘겨주면 10퍼센트 정도로 해결할 수 있다. 재단에서 직업도 생기고 돈도 나온다"라고 말했다.

이에 대해 송정호 이사장은 "청계재단은 본래 부동산 임대료

수입 11억 원으로 운영되는 곳이다. 이사들은 월급을 전혀 받지 않고 모두 봉사활동으로 일한다"라고 말했다. 또 다른 재단 관계자는 "기업체로부터 기부금을 받자는 이사님도 있지만 대통령으로 계실 때는 기업 기부금도 받지 않기로 했다"라고 말했다.

이명박이 "우리 내외가 살 집 한 채만 남기고 가진 재산 전부를 내놓겠다"고 발표한 시점이 묘했다.

대선이 불과 며칠 남지 않은 때였다. 검찰이 'BBK 의혹 이명박 무혐의'를 발표한 후에도 의혹은 수그러들지 않는 상황이었다. 당연하다. 검찰의 수사결과 발표 전날, 내가 검찰이 이명박의 죄를 없애주었다고 보도했으니⋯⋯. 역시 이명박은 꼼수의 대가구나, 싶었다.

돈을 벌고 쓰는 꼴을 보면 청계재단의 존재 이유는 졸부의 절세 수단 말고는 설명할 길이 별로 없다. 소외 계층 장학 사업이 목적이라고 했지만 청계재단은 해마다 장학 사업을 축소하고 있다. 2016년에는 고작 2억 6,680만 원을 내놓았다. 이승환 형이 한 해 기부하는 액수보다 적다. 청계재단의 총 자산 505억 원의 겨우 0.5퍼센트에 해당하는 액수다. 반면, 지난해 청계재단은 직원 급여와 관리비로 7억 6,980만 원을 지출했다. 딱, 탈세와 인건비 빼먹기. 그 이상도 이하도 아니다.

내 추론을 뒷받침하는 이명박의 일화 하나. 1995년 서울시장

출마를 준비하던 국회의원 이명박이 재산 신고를 누락했다가 발각됐다. 문제가 불거지자 한 참모가 건의했다. "의원님, 재산의 절반 정도는 사회로 환원하겠다는 기자회견을 하시죠." 이명박은 그 참모에게 재떨이를 던졌다.

'도둑적'으로 완벽한 가족들

언론이 비호하고 검찰에서 보호해서 그렇지 이명박 집안은 명문가다. 범죄 쪽에서.

세계적인 수준이라고 볼 수도 있다. 본인이 전과 14범(나는 이명박의 전과를 조회하지는 않았다. 그랬다가는 감방 간다. 2007년 한나라당 대통령 후보 경선 당시 박근혜 캠프가 '이명박 후보는 전과 14범'이라고 밝혔다. 이명박 후보 측에서도 이를 부인하지 않았다). 가족과 지인들의 전과 및 범죄 혐의 자체가 워낙 화려하다. 가족들 이야기만 모아도 한국판 〈오션스 일레븐〉 영화를 만들 수도 있을 정도다. 픽션 없이 시나리오 완성이 가능하다는 게 놀라울 따름이다. 서래공원의 그린벨트를 풀어 건물을 올렸으니, 얼마나 창의적인가? 이러고도 조사 한 번 안받았다니, 얼마나 대단한가? 이 소식을 기사로 쓴 나만 경찰 조사를 받았으니, 얼마나 놀라운가?

이명박 정부 말기에 대통령 친·인척 비리 사건에 대한 기사를 썼다. 이명박 정권에서는 도덕성을 논할 수 없을 정도로 썩은 냄새가 진동했다. '가족애'로 뭉친 그들은 돈이 되는 일에는 지독하게 성실했다. 그런데도 이명박은 "도덕적으로 완벽한 정권"이라고 말한다. 이명박 집안의 재산 규모는 웬만한 재벌들에게 뒤지지 않을 것이다. 확신한다. 확실하다. 이들의 부는 이명박의 공직 생활과 맞물려 급증했다는 것이 특징이다. 땅을 사면 그곳이 개발되고, 뉴타운이 들어서고, 보금자리 주택이 건설됐다.

〔 MB 친인척, '가족애'로 뭉친 그들 〕

대형 이슈에 묻혔지만, 대통령 친·인척 비리 사건은 정권의 도덕성을 흔들 수 있는 심각한 사안이다. 수사에 미온적이던 검찰도 정권 말기가 되면서 분위기가 달라졌다. 대통령 주변 비리 사건을 총정리해보았다.

2012년 02월 01일 <시사IN> 제227호

이명박 대통령은 현 정권을 '도덕적으로 완벽한 정권'이라고 말한다. 현실과 동떨어진 대통령의 발언은 각종 비리에 대한 언론과 검찰·경찰 등 사정기관의 적극적인 외면 덕분에 가능한 일이었다. 지난해 언론인(전국언론노동조합·한국기자협회·한국PD협회)이 선정한 '가장 무시당한 뉴스'는 이명박 대통령 친·인척과 측근 비리 보도였다. 무려 77.3퍼센트 (1,258명)가 이를 꼽았다. 언론이 대통령 비리에 대해 입을 다물었음을 자인한 셈이다. 한 언론사 사회부장은 "검찰과 경찰이 정권의 통제력 안에 있어서 친·인척 비리가 그나마 이 정도다. 그것도 언론이 축소 보도해 사태의 심각성을 국민이 체감하지 못하게 만들었다. 지난 정권이었으면 언론에서 '탄핵'이라는 단어가 열 번은 나왔을 상황이다"라고 말했다.

그나마 선관위 디도스 공격, 한나라당 돈 봉투 파문 따위 초대형 비리가 친·인척 비리를 덮고 있는 상황이다. 하지만 친·인척 비리 사건은 정권의 도덕성과 직결되는 가장 크고도 중요한 사안이다. 놓쳐서는 안 될 대통령 친·인척 비리를 정리해보았다.

대통령의 아들, 사위, 사돈

먼저 이명박 대통령과 가족 스스로가 검찰의 수사 선상에 있다. 내곡동 땅 문제로 이 대통령도 퇴임 후 검찰 조사를 받아야 할 처지다. 김인종 전 경호처장이 〈신동아〉 인터뷰에서 "이 대통령이 내곡동 부지를 둘러본 뒤 승인해서 부지를 매입했다"라고 증언했다. 내곡동 땅 문제와 관련해 대통령의 부인 김윤옥 여사와 아들 시형 씨(다스 경영기획팀장)는 부동산실명제법 위반으로 검찰에 고발당했다. 검찰 수사에서 시형 씨가 매입한 땅 구입비용 중 6억 원이 청와대에서 나왔다는 사실이 확인됐다.

한나라당 비상대책위원인 이상돈 중앙대 법학전문대학원 교수는 "경호처는 국민 세금으로 시가보다 비싸게 땅을 사들였고, 이 대통령은 아들 이름으로 시가보다 싸게 땅을 사들였으니 누가 보아도 국민 세금을 사저 구입에 썼다는 의심을 갖게 된다. 드러난 사실만으로도 최고형이 징역 10년인 '업무상 배임죄'로 보기에 무리가 없다"라고 지적했다. 이에 대해 검찰의 한 관계자는 "내곡동 사건은 대통령이 관련된 사안이어서 이른 시일 내에 정리될 것 같다. '혐의 없음'으로 지시가 내려온 것으로 안다"라고 말했다.

2009년 이 대통령의 셋째 사위 조현범 한국타이어 부사장은 주가조작 혐의로 검찰 조사를 받았지만 무혐의 처분을 받았다. 2006년 초 조 부사장은 한국도자기 창업주 손자인 김영집 씨가 엔디코프를 인수했다 되팔 때 지분을 투자했다. 또 김 씨와 코디너스 유상증자에 참여한 건과 관련해 주가조작 의혹을 받았다. 김 씨는 구속됐다. 당시 검찰 한 관계자는 "재벌 2, 3세들이 돈을 모아주었고 그 돈으로 주가조작을 한 주범이 구속됐다. 검찰이 걸면(구속하면) 걸리는 사안이다"라고 말했다.

2010년 7월 조현범 씨의 사촌이자 이 대통령의 사돈인 조현준 효성 사장은 550만 달러(약 64억 원)를 횡령하고, 회삿돈으로 수십억 원대 해외 부동산을 구입한 혐의로 불구속 기소됐다. 서울고등법원은 조 사장에게 징역 1년에 집행유예 2년을 선고했다.

대통령의 형제·조카

대통령의 형인 한나라당 이상득 의원 주변은 각종 의혹 사건의 배후로 지목되곤 했다. 한나라당 정두언·정태근 의원은 '이상득-박영준 라인'이 이명박 정부의 인사 전횡과 불법 사찰의 배후라고 지목했다. '왕차관'으로 불린 박영준 전 지식경제부 차관은 민간인 사찰, 각종 인사청탁, 카메룬 다이아몬드 게이트, SLS그룹 접대 의혹 등에 관련되었다. 그러나 이들 의혹은 검찰 수사 과정에서 거의 정리되었다. 의혹이 불거졌으나 검찰이 박 전 차관을 부르지 않는 경우가 더 많았다.

이상득 의원을 코오롱 시절부터 20년 넘게 보필한 박배수 보좌관은 유동천 제일저축은행 회장에게 1억 5천만 원, 이국철 SLS그룹 회장에게 6억 원을 받은 혐의로 구속됐다. 검찰은 이상득 의원실 여직원 2명의 계좌에서 8억 원 상당의 자금이 세탁된 것도 확인했다. 검찰은 이 돈이 이 의원에게 흘러갔을 가능성을 수사 중이다. 하지만 수사에 속도를 내지는 않고 있다.

이상득 의원의 아들 지형 씨(46)에 대한 의혹도 끊이지 않는다. 그는 정부가 인천공항 매각을 무리하게 추진하면서 사람들의 입방아에 함께 오르고 있다. 오스트레일리아계 맥쿼리 그룹이 인천공항 매입에 적극 나섰는데, 지형 씨는 맥쿼리-IMM자산운용 대표로 재직했다.

국고가 2조원 가까이 날아간 메릴린치 투자 사건에도 지형 씨가 관여했다는 의혹이 있다. 2008년 1월 공기업 한국투자공사(KIC)는 미국 메릴린치에 20억 달러(약 2조 원)를 투자했다. 이 투자는 고작 1주일 만에 결정됐으며, 여러 위법한 부분이 있었다. 당시 한국투자공사 간부들은 이 투자를 반대했다고 한다. 결국 메릴린치 주가가 폭락해 1조 4천억~1조 8천억 원의 손해가 발생했다.

메릴린치에 20억 달러를 투자한 책임자는 말레이시아 출신 구안 옹 한국투자공사 투자운용본부장(CIO)이었다. 〈신동아〉는 사정기관 문건을 공개하며 "구안 옹 씨는 이상득 한나라당 의원의 아들인 지형 씨와 가까운 사이인 것으로 보였다. 두 사람은 2009년부터 싱가포르의 헤지펀드 회사에서 함께 일하고 있었다"라고 보도했다. 지형 씨는 지난해 6월 싱가포르로 거주지를 옮기고, 투자 관련 사업을 하고 있다.

대통령의 큰형 이상은 씨는 다스의 최대 주주다. 하지만 대통령의 처남 김재정 씨와 함께 정치인 이상득·이명박 형제의 재산을 관리한다는 의혹을 받는 인물이다. 이상은 씨는 공시지가 74억 원대의 경기 이천시 땅 약 46만 2천8백 제곱미터(14만여 평)를 아들이 아니라 조카(이상득 의원의 아들 지형 씨)에게 증여하기도 했다.

김윤옥 여사와 친·인척

김윤옥 여사 주변의 비리 사건도 적지 않다. 김윤옥 여사의 동생 김재정 씨는 죽었지만 그가 대통령 재산을 차명 관리한다는 의혹은 수그러들지 않고 있다. 김재정 씨가 죽은 후 다스와 김경준 씨의 소송 그리고 다스 주식의 이동 등 모든 것이 의문투성이다. 다스 주식을 상속세로 낸 것도 도마 위에 올라 있다.

김 여사의 사촌오빠인 김재홍 KT&G복지재단 이사장은 제일저축은행 유동천 회장으로부터 퇴출 저지 로비 명목으로 4억 원대 금품을 받은 혐의로 지난달 구속됐다. 김 여사의 둘째 언니 남편인 황태섭 씨는 제일저축은행 고문으로 재직하며 3년여 동안 매달 1천만 원씩 고문료를 받았다. 그가 금융업과 관련된 일을 한 적은 없다. 사업가 출신 황 씨는 이 대통령의 국회의원 시절 사조직인 '일명회' 사무국장을 지냈고, 2007년 대선에서는 이명박 후보 후원회 사무국에서 일했다. 검찰은 한 달 넘게 황 씨의 구속 여부를 고심 중이다.

김 여사의 작은 형부인 신기옥 씨는 2008년 한상률 전 국세청장에게 룸살롱 접대를 받아 물의를 빚은 인물이다. 최근 신 씨가 김경준 기획입국설의 근거가 되는 'BBK 가짜 편지'의 배후라는 증언이 나왔다. 신 씨는 경북고 총동창회 부회장을 거쳐 지난해부터 대한적십자사 경북지사 회장을 맡고 있다.

청와대 민정수석실은 대통령 친·인척 1천4백여 명을 A, B, C, D 네 등급으로 나눠 관리한다. A등급에 해당하는 친·인척 1백여 명은 상시관리 대상이다. 하지만 청와대의 친·인척 관리

시스템은 구멍이 나 있었다. 제일저축은행 사건으로 문제가 된 김재홍, 황태섭의 경우 청와대는 저축은행 사건이 터지고도 관련 사실을 알지 못했다. 김재홍 씨는 서일대학 이사 재직 시절 학내 분쟁이 발생하자, 청와대 민정수석실·경찰청 특수수사과·교육과학기술부 직원들을 동원하기도 했다.

한 정보기관 관계자는 "지난해 11월까지 정권 실세에 관한 정보 보고를 하지 못했다. 정보가 나가면 역으로 당하는 수가 있어서 모두 보고서 내기를 두려워했다"라고 말했다. 감사원 한 고위 관계자는 "대통령이 국가청렴위원회를 통합시키고 투명사회협약을 폐기하는 등 부패에 관해 소홀히 한 측면이 있다. 특히 대통령이 주변 비리에 대해서는 관대한 면모를 보여왔다"라고 말했다.

홍준표 한나라당 전 대표는 "(이명박 대통령의 친·인척 비리가) 더나올 것으로 본다. 1년 6개월 전부터 친·인척 비리와 권력 비리를 대통령에게 직접 수차례 경고했지만 둔감했다"라고 말했다. 한 검찰 고위 관계자는 "이상득 의원을 비롯한 친·인척이 인사를 주무른 실세들인데 어떻게 그들을 수사할 수 있는가. 정권 말기 검찰 수뇌부의 지시가 잘 먹혀들지 않는 상황이어서 이제는 친·인척 수사에 대한 검찰 분위기가 달라졌다"라고 말했다.

이건 뭐, 가족이라고 보기보다는 범죄 집단 같다. 이명박의 가훈은 '정직'이다.

'만사형통', 이상득

이명박 정부의 권력 지분을 굳이 나누자면 가카가 대통령이니까 5, 이상득 3, 최시중 1, 천신일 1로 볼 수 있다.

이명박 빼고 모두 감옥에 갔다. 비록 삼성서울병원 19층 특실에서 옆방에 있는 박연차랑 놀았지만. 이명박의 재산은 이상득, 이지형과 따로 뗄 수 없다.

이들 모두의 재산을 조사해야 이명박의 재산 규모가 나온다. 내가 이명박의 재산이 30조 정도 될 거라고 말했더니 이명박의 한 친척은 "지금까지 말한 사람 중에 가장 근사치를 말한 것 같다"라고 했다. 이명박 형제의 한 수행 비서는 "다스의 재산 가치가 10조가 훨씬 넘으니 상당히 큰 액수일 것이다"라고 말했다.

이상득은 포항에서 공부를 아주 잘하는 학생이었다.

육사에 입학했지만 몸이 약해서 서울대에 갔다. 졸업 후 코오롱에 공채 1기로 입사해 사장까지 올랐다. 정치인으로 나선 후에는 포항에서 내리 6선. 이명박의 정치적 아버지이기도 하다. 정치적 기반이 허약한 MB의 터를 닦고, 대선가도를 놓은 사람도 이상득이었다.

포항에서 만난 한 영포회의 핵심은 "MB는 연기자고, 연출자는 이상 득이었다. '만사형통'이상득이 힘이 센 것이 당연하다"라고 말했다.

힘이 센 만큼 의혹과 사건도 많았다. 하지만 이명박의 형은 건재 했다. 웬만하면 드러누웠다. 검찰은 비호하고.

그의 최측근 박배수 보좌관은 SLS그룹과 제일저축은행에서 청 탁의 대가로 9억 원가량을 받아 구속됐다. 박 보좌관은 이상득으로 가는 정거장일 가능성이 높다. SLS그룹 이국철 회장은 "이상득 의 원에게 로비할 목적으로 보좌관에게 60억 원을 건넸다"고 줄기차게 주장했다. 제일저축은행 유동천 회장도 "이상득 의원을 보고 박 보 좌관에게 현금 1억 5천만 원을 건넸다"라고 진술했다. 보좌관 용돈 으로 이 정도 거액을 건네는 바보는 없다. 게다가 이 돈은 이상득 의 원실 다른 직원들 계좌를 통해 돈세탁이 되기도 했다. 또 이때 이상 득의 전 직장인 코오롱의 차명 계좌와 대포폰이 사용됐다.

김학인 한국방송예술교육진흥원 이사장은 이상득에게 공천헌 금 20억 원을 약속했다고 진술했다. 김 이사장의 비서는 "김 이사장 지시로 2억 원을 현금으로 준비했고, 이 의원 쪽 차 트렁크에 이 돈 을 싣는 장면을 봤다"고도 진술했다.

하지만 검찰은 이상득은 절대 그러실 분이 아니라고 한다. 절대. 수사하지도 않는다.

삼성과 포스코가 각각 5백억 원을 투자한 후 불과 8개월 뒤 부산저축은행은 영업정지 처분을 받는다. 삼성과 포스코를 움직일 수 있는 사람은 이상득뿐이라는 이야기가 나왔다. 그것도 망하는 은행을 위해.

그의 이름은 절친한 신한은행 라응찬 회장 건에서도 오르내렸다. 당시 라응찬 회장이 신상훈 행장의 비서실장에게 3억 원을 만들라고 지시했다. 그리고 남산에서 3억 원을 어느 운전기사에게 전달하라고 명령했다. 이명박이 대통령에 취임하기 1주일 전 일이었다. 그 3억 원은 이명박 취임 축하금으로, 이상득에게 건너갔다는 소문이 파다했다.

검찰은 3억 원을 자동차 트렁크에 실어준 것을 확인했다. 그런데 검찰은 돈을 준 사람과 받은 사람은 수사하지 않았다. 오직 중간에 심부름한 사람만 처벌했다. 신 행장과 비서실장은 기소됐고, 라 회장은 빠졌다. 돈을 만들어 전달하라고 지시했다는 게 확인됐지만 말이다. 물론, 이상득은 부르지도 않았다. 세상에 이런 일이 어디 있나. 라 회장은 차명계좌를 이용해 수상한 돈거래를 하고, 박연차 태광실업 회장에게 50억 원을 건네기도 했다. 검찰은 무혐의 처리했다. 신한은행은 농협과 더불어 이명박과 특별한 커넥션을 이어갔다. 모든 게 다 이상득 때문이라는 말이 돌았다.

이상득은 삼화저축은행이 위기일 때 이웅렬 코오롱 회장 등과 함께 신삼길 삼화저축은행 사주와 만났다고 한다. 그 당시 삼화저축은행은 정부가 대주주인 우리금융지주가 인수해준 덕에 숨을 돌릴 수 있었다. 이상득이 신삼길을 만난 시점은 신삼길이 지명수배를 당해 도망 다닐 때였다.

포스코에서도 이상득이 해먹은 정황이 수도 없이 나왔다. 이명박 정권에서는 이상득이 온갖 비리의 온상이다. 하지만 검찰은 절대 관련이 없다고 한다. 절대……. 사기를 위해 국가 권력을 무력화시킨 죄는 어찌할 것인가?

이상득은 재테크의 달인이기도 하다.

비결은 땅을 사고, 또 사고 계속 땅을 사는 거다. 농지를 사기 위해서 위장전입도 감행하고. 한두 번이 아니다. 돈을 위해서는 아랑곳하지 않는다. 땅을 사랑하는 것은 집안 내력이기도 하다. 신기하게도 이상득이 산 땅은 재개발되거나 재건축되거나 아니면 개발계획 지구에 들어갔다.

2011년 재산 신고한 금액이 79억 5천만 원. 아들과 직계 가족의 재산까지 합하면 신고 금액의 1백 배가 넘을 것이다. 아니 1천 배가 넘는다에 판돈을 다 걸 수도 있다. 당시 공직자 재산 신고 내용만 보면 이상득은 저축을 많이 한다. 2010년 부부가 예금한 금액만 40억 원가량 된다. 전년에 비해 5억 원가량 늘었다. 저금리 시대에 듣지도 보지도 못한 신기의 재테크다. 이전 해에도 5억 원가량 늘었다.

이상득 여비서 계좌에서 8억 원이 나왔다. 이 8억 원의 정체를 밝히라는 여론이 일자, 이상득은 "서울 성북동 자택 안방에 있는 장롱 내 비밀 공간에 보관해왔다"고 주장했다. 5만 원 권이 나오기 전이었으니 장롱이 우리 집만 할 것 같다. 영일대군이라고 칭송받을 만한 스케일이다. 공직자윤리법과 금융실명제법 위반쯤은 아랑곳하지 않는다. 이것도 집안 내력이다.

이상득은 임석 솔로몬 저축은행 회장 등으로부터 7억 원을 받은 혐의로 2012년 구속됐다.

현직 대통령의 형이 구속된 건 헌정 사상 처음이었다. 전두환 형도 그렇게 나대지는 않았다. 이상득은 감옥 대신 병원에 누워 있다가 출소했다. 출소 2년 만에 포스코 비리에 연루돼 재판을 받고 있다. 죄질은 구속이 분명한데 불구속 재판을 받고 있다. 검찰과 언론은 아직도 '만사형통' 영일대군의 눈치를 보고 있다.

이상득의 아들 이지형

이지형은 2000년 맥쿼리(오스트레일리아에 본사를 둔 글로벌 투자은행이자 금융 서비스 그룹)에 입사해, 2002년부터 2007년까지 맥쿼리-IMM자산운용 사장을 지냈다.

그리고 골드만삭스자산운용 대표를 맡았다. 맥쿼리는 국가기간망에 투자해 수익을 올리는 것으로 유명하다. 우면산 터널, 지하철

9호선, 인천국제공항공사, 대구–부산 고속도로, 부산 수정산 터널 등 각종 민영화 사업 이야기가 나오면 꼭 들어가 있다. 이게 이명박이 서울시장일 때, 대통령일 때 거의 다 이루어졌다. 들여다보면 뒤에 이지형이 숨어 있는 경우가 많았다.

이지형은 큰아버지, 그러니까 이명박의 큰형 이상은에게 경기도 이천시 땅 14만 평을 증여받는다. 이상은은 금싸라기 땅을 아들이 아니라 조카 이지형에게 물려준 것이다. 우리 큰아버지는 내게 14만 원도 주신 적이 없다. 만약 14만 원을 주셨다면 살아계시는 동안 큰아버지께 효도를 다했을 것이다. 이상은은 서울 은평 뉴타운 땅과 제주 서귀포시 과수원도 이지형에게 주었다. 집안의 장손인 자신의 아들 말고. 이런 천사 같은 큰아버지가 세상에 어디 있는가?

친아들에게는 야박하고 조카에게 너그러운 큰아버지 덕분에, 은평 뉴타운에 수용된 가장 큰 땅덩어리는 이지형의 소유였다. 공직에 있는 사람은 오해를 살 만한 일은 만들지 않는다. 하지만 서울시청 내에서는 이명박 시장이 은평 뉴타운을 이지형의 땅 위에 건설했다는 소문이 무성했다. 소문이 대수겠는가? 돈을 버는데…….

이지형의 재산을 까봐야 이명박 재산의 정확한 규모를 알 수 있다. 꼭, 이지형의 재산을 밝혀보고 싶다. 수조 원 규모가 훌쩍 넘을 거라고 생각한다. 많은 일을 하신 이지형은 이명박 정부 말기에 근거지를 아예 싱가포르로 옮겼다. 그리고 미국과 캐나다를 오고 간다고 한다. 이지형이 이명박 집안 재산을 관리할 확률은 99퍼센트. 이명박의 저수지는 싱가포르에도 있다. 주목한다. 이지형.

그들이 움직인다면 돈 때문이다

대통령 자리도 돈을 해 먹기 위해 차지했다고 나는 생각한다.

이명박이 국회의원이 되고, 서울시장이 되고, 대통령까지 된 목적은 단 하나다. 돈이었다. 결국 이명박이 대통령이 된 후 이명박 패밀리는 국가적으로, 참, 많이도, 해 먹었다. 담대한 사기다.

나는 이명박이 대운하 사업을 반드시 할 거라고 생각했다.

왜냐, 첫째, 돈이 되니까. 대선 전에 이미 건설회사들에게 4대강 공구를 다 할당해주었다. 대선 치르려면 돈이 많이 필요했을 테니, 커미션은 따라 왔겠지……. 처음에는 한반도 대운하 어쩌고 하다가 반대가 거세지자 운하는 안 판다고 했다. 그러고는 이름을 바꿔 4대강 공사를 했다.

둘째, 이명박 패밀리는 대통령 선거 전에 이미 4대강 주변에 항구가 생길 땅을 다 사들였다. 상업 지구가 생길 만한 동네 땅을 다 샀다. 원주, 대구 주변에 카지노가 생길 만한, 크루즈가 정박할 만한 땅을 차명으로 사들였다고 한다. 함께 땅을 보러 다닌 적이 있는 이명박 집안사람이 말했다.

"이명박 누나의 자식들과 조카들이 집중적으로 땅을 샀다. 세무 조사를 제대로 하면 다 나온다."

항구가 들어설 만한 지역을 중심으로 등기부등본을 뗐다. 몇 백만 원어치를 뗐다. 1천만 원은 안 되지만, 5백만 원보다는 훨씬 더 썼다. 책상에 앉아서 보면 등본 쌓아 놓은 높이가 내 눈높이와 맞먹었다. 한 장 한 장 확인했지만 차명을 이용해서인지 이명박의 이름을 찾는 데는 실패했다.

맨땅에 헤딩하기.

그러나 이런 무식한 취재 방식이 통할 때도 있다. 이명박의 내곡동 사저 특종의 시작은 이랬다. 이명박 주변 사람들이 수서와 세곡동, 내곡동 등 강남의 남쪽 그린벨트 지역을 사들인다는 첩보를 입수했다. 즉시 그 동네 부동산을 드나들며 탐문을 시작했다. 땅을 사는 것처럼. 그리고 퇴근해서는 권역을 정해 토지 등기부등본을 뗐다. 단순 노동이다. 막무가내 식. 그래도 그렇게 파다 보니 내곡동 사저 예정지 주변에서 이상득 땅도 나오고, 오세훈 땅도 나왔다.

그러나 막상 등기부등본에 그 땅이 이명박의 아들 이시형과 청와대 경호실 공동 소유라고 나온 것을 보고 믿을 수 없었다. 국가와 개인이 함께 땅을 사다니. 그런데 국가는 비싸게 사주고 그 이익을 개인이 가져가다니. 이시형은 최소 15억 원 이상의 시세 차익을 얻었다. 이는 명백한 국고손실죄에 해당한다. 국고손실죄의 형량은 무기징역이나 5년 이상 징역형이다.

이 모든 행위를 지시한 사람이 이명박이라는 증거가 너무도 많다. 직장 생활을 막 시작한 아들이 무슨 돈이 있어서 그 땅을 산단 말인가? 그것도 청와대 경호실과 같이? 그는 맨체스터 유나이티드 티셔츠 입고 슬리퍼 신고 히딩크와 사진 찍을 줄이나 아는 분인데……. 그러나 그는 개의치 않는 것이다. 나는 이명박이 증여세를 아끼기 위해서 그렇게 했다고 생각한다. 땅을 산 돈 6억 원의 출처도 명확하지 않다. 물론 이명박이 준 건 아니다. 이시형은 이상은 다스 회장이 줬다고 진술했다. 물론 이 진술을 뒷받침할 근거는 내놓지 않았다. 그런데 취재해보니 이상은의 부인이 6억 원을 주지 않았다고 진술했다. 이상은의 부인은 이명박 집안에서 가장 착한 사람으로 꼽힌다. 독실한 기독교 신자라고 한다. 이 씨 집안사람들과는 달리 거짓말을 잘 못하고, 검사의 질문에 사실대로 대답할 가능성이 있다고 했다. 그래서 이상은의 부인은 수사관들을 피해 경주로 여행을 떠나야 했다. 경주 힐튼호텔에서 2박 3일 동안 잘 노셨다. 이 사건을 보면 앞뒤가 하나도 맞지 않는다. 하지만 검찰은 '무조건 문제없습니다'였다.

내곡동 땅에 대해 이시형을 무혐의 처리했던 담당 검사가 내 담당 검사이기도 했다.

박근혜가 나를 고소한 사건. 박근혜가 로비스트 박태규를 만났다는 운전기사의 증언을 보도했다고 고소당했다. 박근혜는 박태규를 만났다. 박태규가 인정했다. 저축은행 수사에서도 둘이 만난 정황이 나와 있다. 증인도 여럿 있다. 그런데 2012년 대선을 앞두고 박근혜는 친히 나서서 나를 고소했다. 검사들은 운전기사에게 구속영장을 청구했다. 나에게도 같은 수순을 밟으려 했다.

검사가 나를 세게 몰아붙였다. 계속해서 비아냥댔다.

"유명한 기자가 이런 것도 확인 안 했어요? 기사 쉽게 쓰셨네."

몇 번은 참았다. 그런데 검사의 비아냥이 계속됐다. 자리를 박차고 나왔다.

"검사 새끼는 그렇게 잘났냐. 잘나서 이 따위로 수사하냐."

욕도 실컷 해줬다. 검사의 눈빛을 잊을 수 없다. 겁먹고 주눅 든.

며칠 후, 그 검사는 내 변호사에게 서면으로 마무리하자고 연락을 해왔다. 바로 끝내주겠다고. 그러나 서면을 내지 않아서 다른 검사에게 또 끌려갔다. 5년을 질질 끌다가 2017년 6월이 되어서야 결국 무혐의 처리됐다. 담당 검사가 "애초부터 이거 죄 안 됩니다"라고 보고했다고 한다. 아이고 참, 감사합니다. 검사님들. 욕보셨어요.

다시 내곡동으로 돌아가자.

내곡동 땅에 대한 이명박의 꼼수를 알아챈 건 천우신조였다. 이명박의 총애를 받던 경기지방경찰청장과 내곡동에서 저녁 식사를 했다. 서울과 경기도 경계에 있는 식당이었다. 밥을 먹는데 부대를 이전한다는 둥, 이건 아니라는 둥 옆방에서 시끄러운 소리가 들렸다. 군 장성들 여럿이 밥을 먹으며 갑론을박을 벌이고 있었다.

다음 날, 다시 식당을 찾았다. 식당 주인은 신나서 이야기했다. "예비군 훈련장을 급히 옮긴대. 이명박 쪽에서 이사 온다나. 그린벨트도 풀리고 테니스장도 생기고. 이제 이 동네가 뜬대."

내 귀가 이야기를 빨아들였고 뇌 속 이명박 섹터로 가는 시냅스가 맹렬히 움직였다. '이명박이 사저를 내곡동에 짓는 목적은 군사보호시설을 옮기고 그린벨트를 해제해서 그 일대를 개발하려는 거구나. 그래서 이 동네 땅을 사들였구나.'

사저 예정지는 그린벨트 사이에 끼어 있는 한정식 집 수향이 있던 자리다. 사저 옆 경호동은 무조건 그린벨트를 해제하고 지어야 한다. 사저 뒤편은 바로 예비군 훈련장이다. 예비군 훈련장이 이전하지 않으면 주택지구로서 가치가 별로 없다. 이것까지 이명박이 생각하지 않았을 리 없다. 사저가 들어선다면 그린벨트를 풀고 집을 지어야 하는데 대통령이라고 그린벨트에 집을 지어도 된다는 법은 없다. 퇴임하면서까지 해 먹으려는 권력형 땅 투기다. 명백한 투기. 물론 이명박은 투자라고 하겠지만.

문제의 내곡동 땅은 사연도 많다. 갑자기 그린벨트에 고급 한정식 집 수향이 들어섰다. 딱 배꼽처럼, 그 집 하나만 자리를 잡았다. 주택을 지을 수도 없는 땅이었다. 일단 식당을 열려면 관공서 도장이 50개가 필요한 작업이었다. 그러니 엄청난 특혜라고 볼 수밖에. 그런데 더 중요한 것은 이 땅을 시청 직원이 음식점 주인 유 아무개 씨에게 무상 증여를 했다는 사실이다. 이명박이 서울시장 재임 시 벌어진 일이다. 이명박 주변에는 신기한 일이 많이도 일어난다.

이명박 사저 예정지를 찾고 나서도 나는 바로 보도하지 않았다. MB 타운의 실체를 파헤치고 싶었다. 부동산 업자들에게 접근했다. 내곡동에 갈 때는 꼭 재킷을 입었다. 벤츠·렉서스·랜드로버 등 큰 차를 타는 회장님들에게 나를 부동산 앞에 내려달라고 했다. 올 때는 470번 버스를 탔다. 여기저기 알아보고 다니다가 실제로 이명박 사저 바로 옆의 땅을 사려고 했다. 평당 4백만 원을 요구하던 땅 주인은 평당 2백만 원에 팔 용의가 있다고 했다. 이 땅을 사서 이명박을 감시할 때 쓸 원두막을 짓고 싶었다. 사회복지 시설에 기증하면 의미 있을 것 같았다. 재미도 있고.

내 기사가 나가자, 내곡동 사저 프로젝트는 무산됐다. 2011년 사건을 수사한 검찰은 '사저 건립으로 국가가 누리게 될 땅값 상승 이익을 이 대통령 쪽과 나누려 했다'는 청와대의 황당 해명을 그대로 받아들였다. 결국 이시형을 비롯한 관련자 전원을 불기소 처분했다. 말끔하게도 정리했다. 여론이 들끓어 내곡동 특검이 출범하면서 이명박의 계획은 물거품이 되는 듯했다. 관련자들을 기소했고, 이시형을 제외한 몇 명은 유죄를 선고받기도 했다. 아직도 이명박을 국고손실죄로 기소해야 한다는 의로운 검사가 있다. 5억 이상 손실은 무기징역 구형이 가능하다고……

하지만 결과는 달라지지 않았다.

이명박 정부를 거치면서 기어이 내곡동 인근 수서에 민자 역사가 들어섰다. 철도 민영화는 실패했지만 말이다. 그리고 민자 철도 SRT가 쌩쌩 달리고 있다. 이제는 다시 코레일과 합병한다나 뭐라나. 수서역 주변 그린벨트에는 상업 시설이 하나둘 자리를 잡고 있다. 내곡동, 세곡동, 양재동 등지에는 보금자리 주택이 들어섰고 그린벨트의 상당 부분에 아파트와 상업 시설이 자리 잡았다.

땅을 샀던 이명박 일당은 웃고 있겠지……

내가 사려 했던 땅은 지금은 열 배가 올라서 평당 2천만 원 정도 한다고 한다. 세상에, 이명박 주변에선 이런 일이 생기는구나.

MB는 조폭 스타일!

이명박이 시장일 때, 하버드 박사로 서울대 교수 하던 양윤재가 부시장 자리에 앉아 개발 사업을 총괄했다.

청계천복원추진본부장으로 발탁된 2003년 12월, 그는 부동산 개발업체로부터 '고도제한을 완화해달라'는 청탁과 함께 뇌물을 받은 혐의로 구속됐다. 그래서 징역 5년형을 선고받았다. 여기까지는 평범한 스토리다. 이명박 패밀리의 특별함은 감옥 갔다 온 양윤재를 이명박이 어떻게 보살펴주었느냐에서 드러난다.

이명박은 양윤재를 각별히 챙겼다.

이명박은 당선자 시절 참여정부에 양윤재를 특별사면 해달라고 부탁한다. 이명박의 최측근인 원세훈 전 국정원장이 직접 사면을 요청했다고 한다. 대탕평 차원이라나. 사면 넉 달 만에 양윤재를 대통령 직속 국가건축정책위원회 민간위원으로 위촉했다. 장관급 대우를 받았다. 그리고 얼마 후에는 서울대 교수로 복귀를 추진했다. 서울대 그린바이오단지 업무를 총괄하는 자리였는데 양윤재는 이 자리 공모에 지원한 유일한 사람이었다. 금융권 사외이사도 했다. 그는 감옥에 다녀온 후 자리가 더 공고해졌다.

나는 당황했다.

제도권에 있는 사람들에게서 보지 못한 경우였다. 이것은 조폭이 조직을 움직이는 구조였다. 조폭 두목이 누군가를 제거하고 싶다. 그러면 부하를 시켜서 칼로 찌르게 하고 감방에 간 동안 옥바라지 해준다. 감옥에서 나오면 중간 보스로 승진시켜주고 일도 챙겨준다. MB 시스템은 조폭의 그것과 너무나 닮아 있다. 그래서 배신자가 잘 나오지 않는지도 모른다. 그들은 세상이 바뀌지 않을 거라고 생각하겠지…….

나는 양윤재 케이스를 보면서 이명박 패거리는 정말 특별하구나, 싶었다. 이명박에게 발탁되어 서울시 행정부시장에서 행안부 장관으로 그리고 국정원장으로, 결국은 감옥살이로 공직을 끝낸 원세훈의 경력도 다 이명박 돈과 관련되어 있다고 생각한다. 특수활동비와도. 설마 댓글만 꼼꼼하게 달라고 국정원장을 시켰겠는가?

3장

저수지 찾기
프로젝트

비자금 저수지
1호, 2호, 3호, 4호

내가 쫓는 비자금 저수지가 몇 군데 있었다.

그중 한 저수지에 대한 정보는 범서방파 우두머리 김태촌과 함께 한 시대를 풍미한 영등포파 거물 조폭 유○○이 휘말린 한 사건에서 시작됐다. 유○○, 김태촌, 양○○ 셋이서 나이트클럽에서 조폭 60명과 맞장 뜬 일은 아직도 건달들 사이에서 전설로 회자된다. 물론 30명하고 싸웠다는 둥, 1백 명이랑 싸웠다는 둥 여러 가지 설이 있다. 조폭들이 원래 뻥이 세다. 큰 조폭일수록 더 세다.

유○○이 어느 날 억울한 일을 당했다고 나를 찾아왔다. 조폭은 오래된 나의 나와바리. 조폭들이 제보하겠다고 찾아오는 경우가 종종 있다. 거의 혼내서 되돌려 보내지만……. 일흔이 넘었지만 이분 몸은 단단하다. 타고난 강골에 운동을 꾸준히 해서 군살도 없다. 딴딴한 유 씨는 도박장, 일명 하우스를 돌아다니며 소일을 했다. 선행을 행하진 않았을 것이다. 그러던 어느 날 하우스를 관리하는 잔챙이 깡패들이 유 씨를 몰라보고 뒷마당으로 불러냈다. 유 씨가 훈계를 듣다가 펀치를 날렸고 30대 깡패의 갈비뼈 몇 대를 부러뜨렸다. 그 동네에서는 흔히 있는 일이었다. 특별할 것 없는. 그런데 하우스의 두목이 경찰을 매수해 자기가 감옥에 가게 생겼다고 유 씨가 하소연을 했다.

어쨌든 70대 노인 한 사람이 젊은 깡패 여럿과 싸운 사건인데 구속은 심해 보였다. 그 하우스에서는 마약을 이용한 사기 도박이 종종 일어났는데 어김없이 경찰이 출동해 잡아갔고 한쪽만 처벌했다고 했다. 이번에도 역시 경찰 수사가 편파적으로 진행되는 것 같았다. 주변을 취재해보니 하우스 뒤에 엄청난 사채업자가 나타났다. 경찰은 물론 판사도 구워삶는 명동 사채왕 최진호. 어랏. 바짝 파고들어 갔다.

파다 보니 비자금 큰 덩어리가 몇 개 보인다는 사채업자들의 이야기를 들었다. 전두환이 집권 시절 사채시장의 큰손들을 도와주었고 퇴임 후 이들이 전두환의 돈을 숨겨주었다는 풍문도 있었다. 전두환 부하들의 차명 계좌가 여럿이라는 첩보도 들어왔다. 검찰과 국정원에 이 정보들을 흘렸다. 최진호를 좀더 구체적으로 알고 싶었다. 특히, 사채 시장에 감추어진 대통령의 비자금을.

결국 명동 사채왕은 공갈 등 18개 혐의로 구속 기소되었고 징역 11년을 선고받았다. 최 씨로부터 2억 원 넘는 돈을 받은 최민호 판사는 징역 4년을 받았다. 최진호의 돈을 받고 청부 수사를 한 경찰관과 검찰 수사관도 구속돼 재판을 받고 있다. 이게 다 유○○이 깡패의 갈비뼈를 부러뜨린 덕분이었다.

두 번째 저수지는 전두환 처남 이창석 주변에서 너울거린다.

전두환 일가의 생활비는 이창석이 댄다고 한다. 전두환이 타는 승용차도 이창석 회사 소유이고, 전두환 사저 경호원 회식비도 이창석의 카드로 계산된다. 이 때문인지 이창석은 전두환의 비자금 관리인으로 의심받는다. 비자금 관리인이라고 나는 확신한다. 이에 대해 이창석의 한 측근은 "2001년 사망하면서 이규동 씨(전두환의 장인)는 아들 창석 씨에게 '전 씨를 잘 모시라'고 유언했다. 재원은 경기도 오산 등지의 땅 70만 평을 팔아서 마련했고, 아직도 많이 남아 있다"라고 말했다. 이창석은 2003년 전두환의 연희동 자택 별채가 경매로 넘어갔을 때 감정가의 2배가 넘는 16억 4천8백만 원에 낙찰받았다. 그러고 나서 바로 전두환에게 주었다. 전두환의 물품이 경매에 나왔을 때도 이창석이 일괄 구입해서 다시 전두환에게 주었다.

경찰이 겹겹이 둘러싼 전두환의 연희동 사저에는 들어가 보지 못했다. 얼굴만 안 팔렸어도 누구에게라도 묻어갈 기회를 만들 수 있었을 텐데 아쉽다. 하지만 전두환의 돈줄 이창석의 집에는 들어가 봤다. 두 번. 명절 때였다. 퀵서비스 배달원을 가장해서 붉은색 조끼를 입고 오토바이를 타고. 압구정동 현대아파트 이창석의 집 벨을 누르고 '여의도 김 회장님이 보내셨습니다'라고 말했다. 내가 아는 여의도 김 회장은 없지만 여의도 어딘가에 반드시 김 회장이 있으리라 믿었다. 그리고 전두환의 처남쯤 되면 여의도 김 회장님이 선물을 보내리라 생각했다. 가장 크고 무거워 보이는 박스를 가져가는 게 가장 중요했다. 1만 5천 원짜리 사과상자가 딱이었다. 현관문이 열리자 "상자가 무겁습니다"라고 했더니 안쪽에 들여놓아 달라고 했다. 집 안은 그야말로 대궐 같았다. 압구정동 현대아파트 가운데 가장 큰 평수라고 한다. 현관에는 그리스인지 이집트인지 어쨌든 고대 유물로 보이는 항아리가 있었다. 유물 감식안은 없지만 가짜는 아닐 테고 도대체 얼마짜리일까? 후에 이 집은 경매로 나와 34억 원에 낙찰됐다.

이창석은 서울 서초동에서 삼원코리아라는 고급 음향기기 수입상을 했다. 명목상으로는. 실제로는 전두환의 돈을 관리하는 게 가장 중요한 일일 테지. 전두환의 아들 전재국의 사업도 헌신적으로 도왔다고 한다. 나는 이창석의 음향기기 수입상과 전재국 형제들의 사업에서 전두환의 돈이 굴러가고 있다고 본다. 그리고 더 큰 덩어리는 외국에 묻어 놓았으리라 확신한다.

이창석과 전두환의 아들 전재용은 지금 감방에서 노역형을 살고 있다. 일당 4백만 원짜리 봉투 접기를 한다고 한다. 그들이 감옥에 간 것은 돈이 없어서가 아니라 돈을 움직일 수 없어서다. 자신들이 숨겨놓은 돈을 꺼내는 순간 출처가 드러나기 때문에. 예전에도 숨겨놓았던 채권을 현금화했다가 걸렸다. 고작 수백억 원 때문에 감옥에 갈 위인들이 아니다.

세 번째 저수지는 나랏님 것 같다.

박통인지 전통인지 이통인지 분명치 않고 모호했다. 다른 비자금도 모호하지만 이건 더 모호했다. 스위스 등 유럽을 베이스로 한 비자금이다. 몇 해 전부터 스위스, 런던 금융가에서 한국의 채권과 금괴에 대한 이야기가 돌아다닌다. 물량은 얼마든지 있으니 달러로 바꾸겠다는. 할인율도 크단다. 사실 이런 내용은 우리나라 금융 조사하는 쪽에서도 잘 알고 있다. 괴자금이 떠돌아다닌다는 것을. 이 말을 해준 뱅커는 더 알려고 들지 말라고, 더 알게 되면 신변이 위험해진다고 했다. 대한민국의 정치권력과 싸워야 하니 굉장히 어려운 일이라고 했다. 복수의 경로를 통해 알아보니, '정치권력이 밀접하게 연관된 커다란 비자금 저수지가 있다'는 것은 확실해 보인다. 스위스, 영국, 독일, 룩셈부르크 등지에서 소문이 돌고 있다. 최순실·박근혜가 의심은 가지만, 아직은 첩보 수준일 뿐이다.

네 번째는 싱가포르와 캐나다 그리고 케이맨제도, 버진 아일랜드 등 조세회피처에서 잠들어 있는 비자금이다.

이명박 정부 들어 급격히 불어났다는 특징이 있다. 내가 가장 열심히 좇고 있는 비자금이 바로 이것이다. 외국에 페이퍼 컴퍼니를 만들거나 조세회피처를 이용해서 돈을 빼낸다는 건 공공연한 사실이었다. 이명박 정부 때는 특별히 더 많았다. 이명박 정권에서는 공기업도 페이퍼 컴퍼니를 만들었다. 새누리당 이강우 의원이 에너지 공기업이 소세회피처에 52개 페이퍼 컴퍼니를 만들어 운영하고 있다고 발표했다. 당시 여당 국회의원이 밝힌 내용이다. 52개 페이퍼 컴퍼니 대부분은 이명박 정부 들어서 만들어졌고, 싱가포르, 캐나다를 비롯해서 버뮤다, 바베이도스, 케이맨제도 같은 조세회피처에 몰려 있다.

에너지 공기업이 자원외교를 위해서 페이퍼 컴퍼니를 만들었을까? 혹시 돈을 빼내기 위해서가 아닐까? 국가기관에서 페이퍼 컴퍼니를 만들 이유는 딱히 없다. 범죄라고 의심할 수는 없지만 그렇다고 규정대로 했다고 볼 수도 없다. 이명박 정부는 왜 그렇게 비밀을 만들었을까?

예습 파트너,
전두환

전두환 스타일

이명박 시스템은 전두환 시스템을 닮아 있다.

돈으로 지배한다는 측면에서. 전두환이 강탈한 돈을 주변에 뿌린다면, 이명박은 주변과 함께 돈을 만든 후 나눠 쓴다. 자신들의 제국을 지키기 위해 돈을 뿌리는 것이다.

전두환의 비자금을 찾아 전두환 아들을 감옥 보낸 경험이 있다. 또 김용철 변호사와 함께 삼성 비자금 수천억 원을 찾아준 경험도 있다. 검찰이 몽땅 이건희에게 바쳤지만 말이다. 그 경험은 모두 이명박 재산 찾기를 위한 전초전에 불과했다. 사실, 나는 돈에 관심도 없고 경제관념도 별로 없는 사람이다. 돈보다는 '가오'가 더 중요하다. 게다가 친한 사람들 가운데 돈 숨기고 불리는 데 해박한 사람이 없다. 그래서 나는 엄청 더 노력해야 했다. 이 비자금들을 쫓기 위해서……

상대는 집요하고 수단, 방법 안 가리는 선수들이다. 그들이 머리를 쓰고 돈을 써서 감춘 정보가 벼락같이 뚝 떨어지지 않았다. 비자금도 돈이라고 은행 같은 금융권 업장에 가고, 국세청 같은 공조직에 먼저 가면 본전도 못 찾는다. '비자금祕資金'에서 '비祕'에 주목해야 한다. 숨길 비. 숨겼으니 뒤지고 파헤쳐야 나온다.

학교 공부는 평소에 안 했지만 취재는 평소에 열심히 한다. 힘센 사람들 취재는 평소에 뭘 하느냐가 더욱 중요하다. 일부러 전화를 주거나 찾아와 이야기해주는 사람들도 많다. 놀면서 얼굴을 익힌 사람들이 조용히 해준 이야기도 그만큼 많다. 자주 보면 친해지고 왠지 믿음이 간다. 사람 심리가 그렇다. 친해지면 굳이 묻지 않아도 자기 얘기 술술 풀어놓는다. 중간 중간 물으면 친절하게 알려준다. 그런데 완벽한 정보는 아니다. 그곳으로 가는 실마리가 군데군데 있는 정도.

믿을 만한 정보를 얻으려면 믿을 만한 선을 타고 들어가야 한다. 10년 넘게 전두환을 담당하는 정보과 경찰을 만났을 때의 일이다. 경찰 아저씨가 거부할 수 없는 분이 소개해 취재를 시작할 수 있었다. 무슨 방법을 썼냐고? 경찰청에서 그의 인사권을 쥐고 있는 간부를 먼저 만났다.

전두환 담당 경찰은 전두환에게 충성스러웠다. '우리 각하를 욕되게 하는 자들을 다 쓸어버리겠다'며 대통령 선거에 나온 장세동만큼은 아니지만 전두환에게 충성스러운 자들이 많다. 돈의 힘이다. 전두환이 돈을 얼마나 뿌렸는지 알려주는 전설 같은 일화도 많다.

사저를 지키는 한 의경의 아버지가 돌아가셔서 전두환이 직접 문상을 갔다. 상가가 경상도였다. 조문하고 조의금 1천만 원을 놓고 나왔단다. 그 일이 있은 후 사저를 지키는 경찰과 의경의 충성심이 어떠했을지 짐작할 수 있다. 경찰은 전두환의 차량이 움직일 때마다 교통신호를 잡아준다. 전두환이 골프 치러 갈 때면 신호 잡기뿐만 아니라 경호까지 해준다. 경호원이 엄연히 따로 있는데도. 그렇게 해주면 돈을 더 많이 준다고 한다.

지금은 좀 다르겠지만 취재할 당시 전두환 경호에는 경찰관 10명, 사저 경비에는 전·의경 69명이 배치되어 있었다. 2008년부터 2011년까지 전두환 경호대의 예산은 총 27억 원이 넘었다. 연평균 6억 7천만 원. 전직 대통령 중 가장 많았다. 김대중 전 대통령 사저 경비에는 연평균 2억 7천만 원, 노무현 전 대통령에는 3억 8천만 원이 쓰였다. 전두환 경호동은 서울시 땅을 무상으로 사용하고 있다는 점도 다른 전직 대통령 경호동에서는 볼 수 없는 특혜였다.

전두환이 아직도 엄청난 특혜를 누리는 건 그가 세상에 뿌려놓은 돈 때문이라고 생각한다.

돈을 많이 주는 건 전두환 특유의 스타일인 듯하다. 돈을 줄 때 후임 대통령 노태우보다 0이 하나씩 더 붙었다는 말이 있다. 전두환이 자기 밑에서 일한 장관이 죽었을 때 조의금으로 1억 원을 냈다고 한다. 코미디언 이주일 씨가 사망했을 때 전두환이 낸 조의금이 1억 원이라는 설과 5천만 원이라는 설이 아직도 싸우고 있다. 이주일 씨는 2002년에 돌아가셨다.

전두환에 대한 충성심이 뜨겁지만 취재에 보탬이 되는 말을 해주는 분 앞이라 내 본심을 다 드러낼 수는 없었다. 그렇지만 돈을 물 쓰듯 쓰는 전두환이 괘씸해서 화가 났다. 이거 다 국민들의 돈인데. 내 돈인데……. 내가 이 자식 정말 제대로 끝장내주리라, 다짐하고 또 다짐했다.

이렇게 들은 이야기들을 정보, 지식, 하소연, 협박, 협잡, 개소리 등으로 잘 분류하고 차곡차곡 정리해나가다 보면 수에즈 운하같이 값진 길목, 소중한 빨대가 보인다. 길목을 알고 빨대가 있는 기자. 이렇게까지 되려면 정성이 꽤 필요하다. 돈도 좀 든다. 내가 건방지게 생기긴 했지만 나이 드신 어른들을 잘 모신다. 진실과 정의를 위하는 길이니까. 그래서 한때 힘 좀 쓰신 어르신들이 챙겨주신다. 이분들은 힘 쓸 일을 반가워하신다. 이분들이 음으로 양으로 도와주신 덕분에 저수지를 찾아서 삼만리를 다닐 수 있었다. 저수지에서 발견되지 않고…….

전두환의 비자금이 모두 얼마인지는 모른다.

설마 29만 원이라고 생각하는 사람은 없겠지. 돈이 없어서 아들이 일당 4백만 원짜리 노역형을 살고 있지 않냐고 말하는 사람은 없겠지. 전두환이 몇 천 억 정도 숨겨 두었겠지 생각한다면 순진한 거다. 나는 최소 몇 조 규모라고 생각한다.

전두환이 대통령을 할 때 기업 회장이나 CEO가 그를 만나려면 5백억 원이 든다는 속설이 있었다. 골프장 허가 하나에 5백억이라던가. 그 돈 내고 만나면서 아무런 청탁도 없었을까. 그 돈을 받고 만나서 받은 청탁인데 안 된다고 돌려보내지는 않았을 것이다. 재산가운데 지금 우리나라에 있는 것은 일부이고, 외국 비밀 계좌에 보관된 돈이 더 많다고 알고 있다. 특히 스위스에. 이 글을 쓰는 지금 나는 스위스 취리히의 길모퉁이 카페에 앉아 있다. 스위스 은행에 다니는 하이디 누나를 기다리면서……

새마을운동중앙회는 전 씨 일가가 돈을 빼먹는 창구였다.

박정희든 전두환이든 새마을 엄청 좋아한다. 비자금 창구로. 전두환이 대통령 자리에 오른 다음 해부터 동생 전경환은 새마을운동중앙회 사무총장, 회장을 거쳐 1987년 명예회장 겸 명예총재가 됐다. 그리고 1988년 기소된다. 죄목은 73억 6천만 원 횡령, 새마을신문사의 10억 원 탈세, 4억 1천7백만 원의 이권 개입 등 7가지. 대법원은 결국 전경환은 징역 7년·벌금 22억 원·추징금 9억의 중형을 확정했다. 전두환의 대통령 임기가 끝난 다음 해였다. 꼬리의 깃털만 살짝 자르는 정도였다.

연희동 산책

29만 원밖에 없다며 세상을 조롱하던 전두환.

그 말을 듣고 분노를 참을 수 없어 전두환을 공부하기 시작했다. 2000년부터 전두환의 동네 연희동 주변을 어슬렁거렸다. 다른 취재를 하다가도 시간이 나면 틈틈이 연희동에서 산책했다.

전두환은 퇴임 후에도 대통령이었다. 전두환은 각하로 불렸다. 연희동 집에는 언제나 정치인들이 북적였다. 월요일에는 참모진이 모여 회의를 했다. 이 회의를 '국무회의'라고 불렀다. 화요일에는 골프를 치고, 수요일에는 산행을 했다. 목·금요일에는 다시 골프장에 나갔다. 모임마다 40~50명을 대동했다. 토요일에는 1백 명이 넘는 지지자와 주민을 이끌고 연희동 외국인학교에서 배드민턴을 쳤다. 그리고 모두 몰려가 식사를 함께 했다. 전두환은 돈 쓰느라 바빴다. 배드민턴을 치고 나면 성산회관에서 소갈비를 먹는데, 대체로 1백 명에서 2백 명이 먹는다. 전두환이 그 많은 소갈비 값을 다 냈단다. 일요일에는 경조사를 챙겼다.

전두환이 잘 가는 일식집에서 회덮밥 먹고, 단골 중국집에서는 볶음밥을 먹으며 취재를 다녔다. 전두환은 실장, 장관이라는 사람들과 함께 왔다고 했다. 전두환은 항상 대부대를 거느리고, 들어가는 비용은 모두 현금으로 쓰고 다녔다. 그게 그의 특징이다. 잘 간다는 골프장도 갔다. 자신이 라운딩할 때는 앞 팀과 뒤 팀을 모두 뺀다는 일명 대통령 골프도 여전했다.

연희동을 어슬렁거리다 전두환의 나들이를 여러 번 보았다. 그야말로 왕의 행차였다. 40~50명을 대동한 전두환 행차를 위해 경찰이 교통신호를 통제하고, 온갖 편의를 제공했다. 전두환이 경찰에 써온 돈을 생각하면 그럴 만했다. 돈의 힘.

취재해보니 달랑 29만 원밖에 없다는 전두환은 일주일에 수천만 원에서 수억 원을 썼다.

전두환 스타일을 생각하면 이 정도 돈은 소소할 수 있다. 그가 대통령이었을 때 청와대 출입 기자에게 전별금으로 아파트 한 채 값을 줬단다. 노태우 대통령 때는 0이 하나 줄었고, 김영삼 대통령 때는 0이 하나 더 줄었다고 한다. 김대중 대통령 때는 아주 얇은 봉투가 그것도 소수에게만 전해졌고, 노무현 대통령 때는 아주 없어졌다.

달마다 해마다 이 정도 쓰려면 큰돈이 필요하다. 움직이는 돈을 쫓으면 당연히 그가 숨겨놓은 비자금 저수지에 닿을 터였다.

그 길목을 찾으려 갖은 애를 썼다.

취재 시작하고 기사 쓸 때까지 5년 넘게 지켜봤다. '돈 많이 쓴다'고 소리 한 번 꽥 지르려고 시작한 게 아니니까. 검찰 수사까지 이어져야 한다. 그래야 진짜 돈줄을 찾을 수 있다. 검찰과 정보를 공유히고 지켜보며 기다렸다. 그러던 중 금융기관의 자금 세탁을 감시하는 금융정보분석원에서 전두환의 수상한 돈을 포착했다. 보통 이런 일이 생겨도 그때까지는 정부에서 그냥 묻고 넘어갔다. 그래서 내가 움직여야 했다. 때가 된 것이다.

전두환은 재임 시절 기업체로부터 받은 돈을 수백 개의 가·차명 계좌에 넣어놓거나 무기명채권 등을 구입해 은닉했다. 1997년 대법원에서 추징금 2천2백5억 원을 선고받았지만 전두환은 314억 원만 납부하고는 전 재산이 29만 원뿐이라고 버티던 상황이었다. 그가 직접 돈을 만질 리가 없었다.

나는 차남 전재용이 비자금 관리인이라고 보고 있었다.

별다른 직업이 없는 전재용은 일본 명문 게이오 대학에서 경영학 석사 과정을 밟았다. 삼성 이재용도 게이오 대학에서 경영학 석사 학위를 받았다. 한국에는 성공한 게이오 대학 출신들이 많다. 전두환 씨의 비자금 관리자로 의심받는 전재용에게 돈을 세탁할 만큼은 아닐지라도 전문가를 고르고 부리며 자기 돈을 숨길 전문성은 충분히 있어 보였다.

전재용은 부인 박상아와 장모의 통장을 이용해 비자금을 세탁한 바 있다. 또 외할아버지 이규동으로부터 받은 167억 원짜리 무기명 국민주택채권을 노숙자 이름으로 현금화했다가 2004년 구속된 전력이 있다. 2012년 전재용은 용인에서 토지에 대한 채권을 갖고 있다가 조직폭력배들에게 20억 원을 갈취당하기도 했다.

전재용 주변을 맴돌았다.

전재용이 횟집에 나타났다는 말을 듣고 즉시 달려갔다. 강남 대치동의 한 횟집이었다. 피부가 백옥 같았다. 대머리가 너무 반짝반짝 빛나서 만지고 싶은 지경이었다. 사실 차지게 한 대 때리고 싶었다.

그는 아랫것 보듯 나를 처다봤다. 눈빛에는 경멸이 차 있었다.

'옛날 같으면 너는 죽었어.'

나도 눈빛으로 답했다.

'시대가 바뀌었어. 다시 감옥 가고 싶구나.'

횟집에서 옆자리에 앉았다. 돌멍게, 해삼, 볼락, 세꼬시……. 전 씨 일행은 메뉴도 안 보고 맛있는 건 다 시켰다. 나는 8천 원짜리 재첩국을 시켰다. 그러면서 메뉴판을 봤는데, 옆 테이블이 주문한 것들은 안 보였다. 메뉴판에 적어놓지도 않은 비싼 음식을 주문해서 먹고 소주 폭탄주를 마시는 것을 보니 또 화가 치밀었다. 저 자들이 먹는 게 다 내 돈인데. 우리 세금인데…….

1천4백억 원짜리 저수지

얼마 지나지 않아서 내가 전두환 비자금을 취재한다는 찌라시가 돌았다.

내가 취재하면 정보 보고라면서 일러바치는 놈들이 꼭 있다. 전두환 측에서는 예민하게 반응했다. 경찰과 국정원 요원을 통해서 "너무 나대지 말라"는 말이 들어왔다. 그래서 "조금만 나대겠다"라고 전해달라고 했다.

취재에 도움을 주던 경찰이 가장 먼저 못하겠다고 빠졌다. 다음 날 검사도 빠지겠다고 했다. 검사는 아무것도 확인해줄 수 없다고 했다. 검사가 날 언제 도와준 적 있었나? 괴롭히지만 않으면 다행이지. 그래서 금융정보분석원 선배와 금융감독원 정보원에게 어렵사리 확인에 확인을 거듭했다. 자료도 입수했다. 비자금 저수지에서 50억 원 이상이 전재용과 전재용의 두 아들의 계좌로 흘러 들어간 것을 확인할 수 있었다. 그리고 시원하게 질렀다. 바로 기사를 썼다. 이 기사로 전재용은 감옥행 버스를 탔다.

〔 전두환 비자금, 꼬리 잡혔나 〕

차남 재용 씨 식구 계좌에 괴자금 50억 원 입금돼⋯검찰, 전 씨 돈으로 보고 수사

2006년 11월 13일 〈시사저널〉

전두환 전 대통령의 비자금으로 보이는 괴자금 뭉치가 발견됐다. 재정경제부 산하 금융정보분석원은 지난 8월 현금화된 증권금융채권 일부가 전 씨의 차남 재용 씨(42)와 재용 씨의 두 아들 관련 계좌에 입금된 것을 확인했다. 최초 확인한 액수만도 재용 씨가 관리하고 있는 계좌에 들어온 25억 원과 재용 씨 두 아들 계좌에 입금된 25억 원 등 총 50억 원에 이른다. 금융 당국의 한 관계자는 "지금까지 전 씨 주변에서 발견되지 않은 채권이다. 많게는 수백억 원대의 전 씨 비자금이 잠긴 저수지를 발견했을 가능성이 있다"라고 말했다.

1996년 전 씨 비자금 공판에서 검찰은 전 씨가 재임 기간에 무려 9천5백억 원의 비자금을 조성해 무기명 채권 등으로 은닉하고 있다고 밝혔다. 당시 비자금 수사를 담당한 수사 관계자는 "적게 잡아도 1천4백억 원 이상의 비자금이 숨어 있을 것이다"라고 말했다.

사건이 이첩된 검찰에서도 이 돈의 출처가 전 씨의 비자금일 것이라고 보고 수사에 속도를 내고 있다. 이 사건을 담당하고 있

는 서울지검 금융조사부 한 검사는 "수사 중인 사항이어서 일절 말할 수 없다"라고 말했다. 하지만 다른 검찰 관계자는 "재용 씨 돈이 전 씨의 비자금 수사로 확대되고 있다. 이 시점에서 기사화되는 것은 곤란하다"라고 말했다.

한편 이번 괴자금에 대해 전 씨의 비서는 "전혀 모르는 내용이다. 재용 씨는 2004년 사건 이후에 연희동에 오지 못하고 있다. 법적인 문제는 이양우 변호사가 처리할 것이다"라고 말했다.

재용 씨의 괴자금은 증권금융채권으로 잠자고 있었다. 증권금융채권은 1998년 10월 국민투자증권의 한남투자신탁증권 인수 자금 지원을 위해 한국증권금융이 발행했다. 연리는 6.5퍼센트, 총 2조 원어치가 발행되었다. 2003년 10월 31일 만기가 돌아왔지만, 당시 재용 씨는 검찰에서 전 씨의 비자금과 관련해 조사받고 있던 터라 채권을 찾지 않았다. 재용 씨는 지난 8월이 되어서야 채권을 회수했다. 찾은 채권은 치밀한 돈세탁 과정을 거쳤다. 재용 씨는 일본 게이오 대학에서 경영회계학 박사 학위를 받았으며, 대우증권에서 리서치팀 과장으로 일했다. 그러나 금융 당국의 감시망에 걸리고 말았다.

증권금융채권은 무기명 비실명채권이므로 보유자에 대해 자금 출처를 묻지 않는다. 상속세와 증여세도 면제된다. 외환위기 직후, 정부가 지하자금을 끌어내기 위해 한시적으로 발행한 일명 '묻지 마 채권'이었다. 이런 이유로 묻지 마 채권은 비자금이

나 불법 정치자금 용도로 애용되었다. 2003년 현대 비자금 사건과 관련해, 김영완 씨는 비자금의 일부를 증권금융채권으로 관리했다. 정몽규 현대산업개발 회장의 비자금 50억 원을 가로챈 자금 담당자 서 아무개 씨도 비자금 전액을 증권금융채권으로 바꿔 보관했다.

"전 씨 비자금이 잠긴 저수지 발견했을 수도"

특히 비자금 관리와 관련해 전 씨 일가의 채권 사랑은 극진했다. 지난 1995년 검찰의 전 씨 비자금 수사 결과에 의하면, 전 씨는 퇴임 직후인 1987년부터 1992년까지 장기신용채권과 산업은행채권을 무려 1천4백4억 원어치나 사들였다. 2000년 재용 씨가 전 씨로부터 증여받은 것은 액면가 73억여 원인 국민주택채권 1천13장이었다. 재용 씨가 구속되자 2004년 전 씨의 부인 이순자 씨가 추징금을 대납하는 형식으로 납부한 1백30억 원 가운데 채권이 1백2억 원어치였다.

이번 비자금 수사는 검찰이 전 씨 비자금 수사를 마무리할 절호의 기회이기도 하다. 검찰은 전씨의 버티기에 번번이 판정패했다는 평가를 받았다. 2000년 12월 검찰은 외할아버지 이규동 씨로부터 1백67억여 원 상당의 국민주택 채권을 증여받고도 이를 숨겨 70억여 원의 증여세를 포탈한 혐의로 재용 씨를 구속했다. 법원은 재용 씨가 소유한 1백67억 원 가운데 73억 원은 전두환 씨 비자금이라고 판결했다. 73억 원 외에 나머지는 재용 씨의 탁월한 돈세탁 실력 때문에 꼬리를 놓치고 말았다. 재용 씨는 노숙자 명의인 차명 계좌와 증권회사 직원의 계좌를 통해 채권을 계속 시고팔았다. 대여 금고를 이용하기도 했다. 전 씨 부자는 집행유예로 풀려나온 뒤 대법원에 상고했다. 또 지난 9월에는 서대문세무서가 증여세를 부과하자 세무서를 상대로 서울행정법원에 소송을 내기도 했다.

전 씨는 1997년 4월 대법원 확정판결에서 추징금 2천2백5억 원을 선고받았다. 현재 전 씨는 1천6백72억 원을 내지 않고 버티고 있다. 전 씨의 측근들조차 "증여세 몇 십억 원 때문에 소송을 내는 이유를 모르겠다"라고 말했다.

정보는 정보일 뿐이다. 정보만 모아 놓으면 그건 찌라시일 뿐이다. 한 걸음 더 들어가야 한다. 이 취재에서 가장 중요한 정보는 금융정보분석원, 금융감독원에 있었다. 비자금, 자금세탁 감시가 주 종목이니 전문가와 정보가 가장 많은 곳이기도 하다. 이런 조직이 가진 정보력은 기자 한 명은 어림 반 푼어치도 없고 언론사 하나가 매달려도 상대 안 된다.

그런데 이렇게 어마어마한 정보력을 힘 센 놈들이 숨겨놓은 돈을 찾는 데는 잘 안 쓴다. 자금 세탁을 하는지, 외화를 불법으로 빼가는지 감시하라고 준 권한인데. 그래서 금감원 선배에게 내가 먼저 정보를 주고 확인해달라고 했다. 그랬더니 쓸모 있는 정보에 관해 몇 가지 이야기를 풀어놓기 시작했다.

돈에 대한 정보는 접근하는 것 자체가 어렵다. 돈에 이름을 써놓은 것도 아니고, 억지로 쫓는다고 해서 손에 잡히는 것도 아니다. 그래서 정성을 들여야 한다. 마음이 없으면 정성이 안 생긴다. 나이를 먹을수록 새삼 확인하는데 오랫동안 알고 지낸 사람이 가장 큰 재산이다. 사는 재미이자, 이렇게 살아갈 용기의 원천이기도 하다. 정보는 덤이다.

전두환 아들 감옥 보내기

전두환 가족도 돈을 극진하게 사랑한다.

이명박 가족에게 미치지는 못하지만. 온 세상이 다 욕해도 안 들린다. 돈을 위해 감옥에 가는 것도 불사한다. 그러니 나 아닌 다른 사람 감옥 가는 것쯤은 별일 아니다. 불법은 위험성이 큰, 그래서 마진도 큰 비즈니스일 뿐이다.

여기에 틈이 있다. 탐욕. 욕심이 과하면 자국이 남는다. 한 검찰 관계자는 "전 씨 집안사람들은 자기네 비자금을 어디에 두었는지도 몰랐다"라고 했다. 어디 두었는지는 몰라도 되지만 감옥행도 무릅쓸 만큼 뒤틀린 탐욕이 남긴 자국.

전두환이 대통령 자리에 앉아 만든 비자금은 조 단위가 넘는다고 생각한다. 이때까지 그가 내지 않고 버티고 있는 추징금 액수만도 2천억 원. 전두환 비자금 수사는 사회 정의 차원에서도 반드시 필요하다. 그러나 수사는 흐지부지되어 있었다. 2004년 전재용이 전두환의 비자금을 관리하다 구속까지 됐다. 죄질이 중한데 전재용은 집행유예로 풀려나온 뒤 대법원에 상고했다. 또 수백억 원대 재산가인 전재용과 전두환은 세금 수억 원을 안 내겠다고 세무서를 상대로 서울행정법원에 소송을 내기도 했다. 그들이 법과 국민을 얼마나 무시하는 파렴치한인지. 하긴 세금이든 벌금이든 내고 싶어도 낼 수 없었겠다. 수많은 눈이 쳐다보고 있는데 흔적을 남기지 않고 자기 돈을 꺼낼 재주가 없으니까. 그렇게 들통 나면 또 추징당할 테니까.

이 기사를 계기로 전두환 비자금 수사가 다시 시작되었다. 검찰은 2012년 골프장 회원권 142개, 2013년에는 경기도 오산 양산동 토지 불법 증여를 수사했다. 전재용 소유 이태원동 빌라 2채를 압류했고, 2014년 미국 애틀랜타와 LA 저택 자금을 몰수했다. 그래도 전두환과 그 일가는 지금도 여전히 뻔뻔하다.

어쨌든 전두환, 전재용이 돈세탁하는 과정을 들여다본 것은 후에 이명박의 비자금 저수지를 찾아가는 데 큰 도움이 됐다. 예습한 셈이라고나 할까.

저수지 찾기
실패 연대기

나의 소원

전두환이 대단하다고 해도 역시 최고수는 이명박이다.

그는 부패의 정수리이자 비리의 핵이다. 그러니까 재물, 탐욕, 부정의 화신, 맘몬, 돈의 마귀다.

돈의 신을 잡기가 쉽진 않겠지만, 그래도 잡을 수 있다. 너무 많이 해 드셨다. 흔적이 너무 많고 또 건수도 많다. 이명박 내부자들의 말로는 돈이 아까워서 큰 로펌을 쓰지 않았다고 한다. 얕은 곳에 묻어 두어서 찾는 데 그리 어렵지는 않을 거라고 했다. 한 외국의 정보기관원은 정권이 절대 바뀌지 않으리라는, 그리고 누구도 자신을 절대로 건드릴 수 없다는 자신감이 있는 것 같다고 했다. 정부와 피해를 입은 기업들이 소송을 하면 찾을 수 있는 돈이 아직 많다. 아직다 쓰지 못했을 테니 몽땅 찾아올 수도 있다.

나에겐 꿈이 있다.

비자금 저수지를 찾는 꿈. 우선, 비자금을 찾아서 터뜨린다. 물론 '내가' 터뜨리는 게 중요하다. 검찰이 수사에 나설 수밖에 없도록 확실한 임팩트가 있어야 한다. 수사가 시작되고 이명박을 검찰청 포토라인에 세운다. 이명박은 구속되고 부정 축재한 돈을 다 빼앗는다. 그 돈을 국민들에게 나누어준다. 그 돈을 찾으면 우리나라 복지 수준은 크게 향상될 것이다. 그 돈이면 성인 한 명당 통장에 1천만 원씩 넣어줄 수 있을 거라고 나는 생각한다. 결국 이명박의 공약을 내가 실현시켜주는 것이다. 국민들을 부자로 만들어주겠다는 것. 이명박 비자금 찾기 프로젝트는 우리 국민 모두가 부자 되는 길이라고 믿는다. 그리고 나는 떠난다······.

천 번은 꿈꾼 시나리오다. 그런데 실현되지 못할 가능성이 더 크다. 가능성이 아예 없지는 않다. 비자금 저수지 주변까지 찾아갈 수는 있을 것 같다. 이 저수지의 돈이 누구 것일까? 이상하지? 여기까지는 할 수 있을 것 같다. 그렇게 해서 국민들이 그를 참 나쁜 대통령이었다고 생각하도록 하는 게 내 목표다. 이 사람은 돈 벌려고 국가를 이용했고, 정치라는 가면을 쓰고 사기를 쳤다는 걸 알려주고 싶다. 국민들에게 이명박의 맨 얼굴을, 실체를 보여주고 싶다.

기자 혼자서 할 수 있는 일은 별로 없다.

기자는 그냥 민간인이다. 셜록도 007도 아니다. 저수지로 가는 길은 가이드가 필요했다. 이명박 일당과 한패였으나 조금은 정의로운 사람, 이명박의 돈을 먹었는데 덜 먹어서 서운한 사람, 진실을 보았다는 이유로 쫓겨난 사람 들이 길잡이가 되어주었다.

덜 먹어서 서운한 크리스티나

2009년 말, 이명박의 대통령 임기가 중반으로 접어들 때였다. 전화 한 통이 걸려왔다.

늘 그렇듯 전화는 금방 받았다. 안민석 의원은 "어떻게 전화를 그리 빨리 받을 수 있냐"며 놀라곤 한다. 그녀도 그랬다.

"어떻게 벨소리가 울리려고 하는데 전화를 받죠?"

전화를 너무 빨리 받아서 놀랐다고 했다. 그러면서 이야기를 시작했다. 처음에는 나에 대한 이야기를 했다.

"며칠 전 광화문 일식집에서 '주덕화'라는 이름으로 예약하시고 검사 만나셨죠. 그 옆방 국정원 직원들하고 인사하시고. 그 검사 믿지 마시고요."

머리털이 주뼛 섰다.

"기자님이 저수지를 찾고 다닌다는 소리를 들었어요. 맞죠?"

"네. 맞습니다."

"그럼 제가 도움이 될 수도 있겠네요. 이명박이 비자금 만드는 걸 조금 지켜봤거든요."

"지금 그쪽으로 가겠습니다. 어디십니까?"

"듣던 대로 성격이 급하시군요. 지금 외국에 있어요."

"그래도 갈게요."

그녀가 나에게 전화를 건 이유가 있을 터였다. 무조건 만나자고 했다. 가야지. 지옥이라도.

서로 대포폰을 새로 만들어 통화하기 시작했다. 연락은 주로 보안이 되는 메신저 프로그램 시그널과 텔레그램을 통해 주고받았다. 그녀는 자신이 엄중히 감시당하고 있다고 했다. 나는 그녀의 안부를 걱정했다. 그녀는 오히려 나의 안전을 걱정했다.

"제가 유명해져서 없애는 게 그리 쉽지는 않을 거예요. 제가 죽으면 이명박 주변에서 죽인 걸 다 알 거예요."

"박근혜 쪽도 있잖아요."

"그렇죠. 아무튼 전 괜찮아요. 그쪽이나 조심하세요. 해외보다 한국이 안전해요."

"그런데 그렇게 많은 관련자들이 죽습니까? 심장마비로요. 몸조심하세요. 음료수 함부로 마시지 말고요."

"제 한 몸은 지킨다니깐요."

"전 보디가드 데리고 다녀요. 외국 정보기관의 보호도 받고요."

"아, 네. 전 혼자예요. 그래도 괜찮습니다."

감시를 피해 만나는 것 자체가 쉽지 않았다.

약속 장소는 계속 바뀌었다. 처음에는 태국에서 만나자고 했다가 인도네시아로 바뀌었다. 홍콩을 이야기하다가 다시 일본으로 장소를 바꿨다. 늦은 겨울, 일본 도쿄행 비행기에 올랐다. 그런데 약속 전날 밤, 나의 동선이 노출되어 만날 수 없다는 메시지를 받았다. 화가 났다. 어렵게 일본까지 왔는데 약속을 취소하다니……. 약속 장소를 정해주면 미행을 따돌리고 가겠다고 했지만 소용이 없었다. 한편으로는 '이번에 펑크 냈으니, 다음번에는 만나주겠지' 싶었다. 그래도 괘씸했다.

그런데 다음 날 밤 텔레그램으로 비밀 메시지가 왔다.

"오후에 오모테산도에서 산책 잘 하셨어요?"

그녀는 나의 동선을 정확히 알고 있었다. '나를 본 누군가에게 들었겠지' 하며 넘기려 했다. 그런데 왠지 무서웠다. 호텔 방문 앞에 의자와 소파를 가져다 막아놓고선 새벽녘이 되어서야 잠이 들었다.

몇 달 후 서울에서 그녀와 처음으로 만났다.

차라리 서울이 안전하다는 판단이었다. 청담동 한복판 프랑스식 카페였다. 가방도 수첩도 없이 달랑 몸만 갔다. 약속한 시간보다 15분 일찍 도착해 출입구가 잘 보이는 자리에서 기다렸다. 그녀를 한눈에 알아볼 수 있었다.

"안녕하세요. 주진우 기잡니다."

"네, 안녕하세요."

"오시는 데 불편하지는 않으셨어요?"

"이니요."

쉽게 말을 하지 않았다. 말이 짧은 나보다 말이 더 짧았다. 이미 알고 얘기를 던져도 묵묵부답. 애가 탔지만 이해는 갔다. 현직 대통령의 치부를 들추기는 쉽지 않을 것이다. 기자한테 꺼내놓기는 더 어렵고 게다가 두려울 것이다. 조심해야 한다. 다 알지만 너무 얘기를 안 했다. 속이 탔다. 도와 달라고 사정도 하고, 정의를 말하며 설득도 했지만 소용없었다. 한 시간 내내 '저는 그런 거 몰라요', '저는 무서운 거 싫어요'라는 말만 되풀이했다. 결국 영양가 있는 말 한마디 못 듣고 기약도 없이 헤어졌다. 그렇게 어렵게 만났는데……. 나를 시험해본 듯했다. 그래서 일부러 태연하게 행동했다.

사실 크리스티나에 대해서 몰래 알아봤지만 그다지 손에 잡히는 정보가 없었다.

30대 중반. 170센티미터 키에 날씬한 체형. 서구형 외모. 부산 출신. 서울에 있는 대학 나와서 대기업 증권사에서 일함. 이명박 캠프에서 일했던 K와 내연의 관계. 크리스티나는 K와 함께 자원외교 관련 프로젝트를 진행했다. 일을 성공적으로 마치고 크리스티나는 거액의 성공 사례금과 외교관 여권을 받고 외국으로 나갔다. 동남아에 주로 머물며 미국과 유럽 등지를 여행했다. 처음에는 여행하고, 쇼핑하는 게 즐거웠다고 한다. 하지만 어느 순간 해외를 떠돌아다니는 일이 그렇게 행복하지만은 않았다고 한다.

그러다 프로젝트의 실제 규모를 알게 됐다. 그리고 다른 팀원들에 비해 자신은 푼돈을 받은 것을 알고 격분했다. 그들은 외국으로 도망가지도 않고 한국에서 떵떵거리면서 잘살고 있었다. 그러니까 그녀는 덜 먹어서 섭섭한 사람……. 역시 인간은 비교의 동물이다. 배고픈 건 참아도 배 아픈 건 못 참는다. 그래서 팀원들이 욕했던 기자를 떠올렸다고 했다. 그게 바로 나였다. 정의, 그런 건 모르고 복수하고 싶다고 했다. 그녀의 배신감, 복수심이 내 편이었다. 역사의 수레바퀴는 사사로운 감정으로 움직이는 경우가 많다. 세금이 올라 기분 나쁜 사람들 여럿이 뛰쳐나온 것이 혁명이 되기도 하듯이.

그녀가 툭툭 던지는 말 속에 놀라운 사실들이 들어 있었다.

'싱가포르에 ○○증권 쪽에서 계좌를 열었다. 케이맨에 1조짜리를 만들었다.'

'캐나다로 이명박이 사람을 보냈다. 그때 국정원이 움직였다.'

이명박 가까운 곳에 있지 않았으면 절대 알 수 없는 정보들이었다. 그럴 때면 치고 들어갔다.

"그래서 비자금은 어디에 숨겼죠?"

"이명박 계좌는 어디에 있나요?"

섭섭한 마음에, 배신감 때문에 나를 만났지만 그녀는 두려움에 입을 닫았다. 잠수를 타는 건 기본이었다.

"지금 어떻게 지내세요? 말도 안 할 거면 왜 나를 찾았어요? 범 죄자들이랑 붙어서 잘 먹고 잘살다가."

"……."

"그러지 말고 말을 좀 해보세요. 제가 뭘 해드릴 수 있을까요?"

"……."

어렵게 어렵게 그녀를 몇 번 더 만났다. 짧게는 한 시간, 길게는 한나절. 구슬리다가 윽박질렀다가, 대판 싸우고 연락이 끊겼다. 그 리고 다시 구슬리고 싸우고 연락을 끊었다가 또다시 만나기를 거듭 했다. 그렇게 1년 정도 만나면서 퍼즐을 한 조각 한 조각씩 맞췄다.

> **주** 하나만 주세요. 한 번만 도와주세요. 이렇게 허비할 시간이 없어요.
>
> **크리스티나** 작은 단서 하나라도 나한테서 나오는 순간 당신도 위험 해져요.
>
> **주** 저는 위험해져도 괜찮으니 자료를 어디에다 갖다 버리세요. 아니면 장소만 알려주세요. 제가 훔쳐올게요.
>
> **크리스티나** 정말 위험한 자들이에요. 그들에겐 힘이 있어요. 기자님 을 위험에 빠뜨리고 싶지 않아요.
>
> **주** 전 괜찮아요. 이명박 돈만 찾을 수 있다면, 그래서 이명박 의 실체를 밝힐 수만 있다면 전 그 기사 쓰고 기자 그만두

어도 좋아요. 이명박을 잡을 수만 있다면 전 죽어도 좋아요.

크리스티나 홍콩의 리처드를 만나 보세요. 그리고 싱가포르 ○○○
은행의 스위스인 ○○○을 찾아가 보세요. 그분이 계좌 하
나를 관리하고 있어요.

결국 싱가포르에 있는 계좌와 캐나다에서 다시 케이맨제도로
빠지는 수천억 원짜리 계좌들을 알려 주었다. 계좌 이름과 계좌 번
호가 모두 숫자로 되어 있었다. 1달러짜리 주식 한 주가 전부인 페
이퍼 컴퍼니 소유의 계좌라고 했다. 그 주식 한 주의 주인이 내가
그토록 찾는 사람이라고 했다. 무작정 미국행 비행기에 올랐다. 크
리스티나는 만류했다. 계좌의 존재를 증명할 수 없거니와 너무 위험
한 짓이라고 했다. 그래도 갔다. 한순간도 주저하지 않았다. 내 주머
니에는 류승완 감독과 함께 다큐멘터리 〈간첩〉을 찍으면서 받았던
5백만 원이 있었다.

뉴욕에 있는 지인의 소개로 변호사를 찾아갔다. 무조건 계좌 주
인을 확인해달라고 했다. 범죄와 관련되지 않은 개인의 계좌 정보는
어렵다고 했다. 범죄와 관련 있다고 했다. 틀린 말은 아니지 않은가.
아버지가 숨겨 놓은 계좌인데 아버지 건강에 문제가 생겼다고 했다.
아버지 이름은 이명박이라고 했다. 계좌가 존재하는지만 알려주면
그때 정식 계약하겠다고. 그런 식으로 일하지 않는다고 했지만, 지
인을 팔아서 막무가내로 매달렸다. 그날, 변호사 상담료로 5백만 원

을 몽땅 주었다.

며칠 후 연락이 왔다. 존재하지 않는 계좌라고. 계좌를 닫은 것인지, 아예 존재하지 않았던 것인지는 확인하지도 못했다. 수중에 있는 모든 돈을 털어 뉴욕까지 왔는데 단서 하나 못 잡다니……. 화가 났다. 이날은 이명박보다 제보자가 더 미웠다. 크리스티나에게 국제전화를 걸었다. 그 전까지는 텔레그램과 페이스타임 오디오로 통화했는데 그냥 전화했다. 비싼 국제전화비는 나중 문제였다. 도청을 당하든지 말든지. 내가 크게 낙담하자, 크리스티나가 미안해했다. 위로도 해줬다. 그런데 하나도 위로가 안 됐다. 쓸쓸하게 한국에 돌아왔다. 그 후로도 두어 번 크리스티나를 만났다. 그녀는 해외를 나다니며 호화로운 생활을 이어가고 있었다.

2011년 봄 어느 날 밤, 갑자기 전화가 왔다.

"잘 지내죠? 잘 지내야 해요?"

"당신이나 잘 지내세요. 저는 혼자 잘 놀아요."

그 전화를 끝으로 연락이 끊겼다. 찾고 싶은데, 찾을 수 있는 단서가 없다. 크리스티나가 나를 이용해서 이명박 쪽에서 크게 한몫 챙기고 떠났다면 차라리 다행인데……. 크리스티나가 무사히 잘 계시길, 기도한다.

정체 모르는 사람이 준
정체 확실한 정보, 마농

뉴욕에서 실패한 후 이명박보다는 박근혜에게 눈이 가 있었다. 최순실은 폭넓게 활동했다. 정유라가 국가대표로 발탁되고, 임신해서 가출했다. 지금은 조용하지만 정윤회의 영향력도 만만치 않았다. 박근혜·최순실의 비자금을 찾겠다고 스위스와 독일을 본격적으로 드나들기 시작했다.

이명박과 관련해서는 자원외교 자료를 모으고 다닐 때였다. 어느 날 한 전직 공무원 선배에게 연락이 왔다.

"주 기자, 이명박 주변에 있었던 핵심 관계자야. 내부 상황을 기가 막히게 아는 여자 분이 있어. 정보기관도 잘 알고. 이명박 비자금을 외국으로 빼돌린 경로를 아는 것 같아. 나는 무슨 소리인지 모르겠어. 주 기자가 좀 만나봐."

크리스티나 같은 제보자는 쳐다보지도 않겠다고 생각했는데 그녀와 흡사한 제보자가 또 나타났다. 이명박에 대해서 잘 안다는. 그 말에 내 마음이 또 쏠렸다. 바로 약속을 잡아달라고 했다. 계속 재촉했지만 바쁘다며 시간을 내주지 않았다. 보름 정도 지나서야 약속이 잡혔다.

2013년 늦여름, 정동에 있는 카페에서 마농을 만났다.

화려한 꽃무늬 프린트 블라우스와 트렌디한 청바지, 스카프로 살짝 포인트를 주고 선글라스를 썼다. 세련된 차림. 범상치 않은 돈의 포스. 무기 로비스트 린다 김 씨가 떠오르기도 하고, 영화배우 김혜수 씨의 모습이 얼핏 스치기도 했다. 하긴 이명박을 비롯해 그의 주변 사람들은 옷을 잘 입는다. 정확히는 비싼 옷을 입는다. 이명박 측근 할아버지들은 에르메스, 로로피아나, 브리오니 등 명품 중에서도 명품이라고 꼽히는 고가 브랜드를 즐겨 입는다. 지난 겨울 최시중 전 방송통신위원장을 만났는데 로로피아나 코트를 입고 있었다. 매장에 물어봤더니 1천만 원이 넘는다고 했다.

마농은 중요한 얘기는 거의 안 했다. 세상 돌아가는 이야기만 했다. 거의 나 혼자 내가 맨땅에 헤딩한 이야기, 돌아이 짓 한 이야기 등등 주저리주저리 떠들며 어색한 침묵을 메꾸었다. 그러면서도 나는 스스로가 이명박의 실체에 다가가고 있다는 건 분명히 알았다.

"진실을 밝히고 정의를 실현하는 차원에서 도와주세요. 전 결코 물러나지 않을 거예요. 이명박이 죽든지, 내가 죽든지."

마농의 눈에 긴장하는 눈빛이 역력했다. 두려움 가득한 표정이었다. 크리스티나보다 훨씬 더 긴장하고 있었다.

첫날은 한 시간 남짓 이야기를 하고 헤어졌다. 신뢰를 심어주기에 충분한 시간이었다. 물론 손에 쥔 성과는 없었다. 하지만 이분이 진짜라는 걸 알 수 있었다. 내부자가 아니면 모르는 얘기, 그들만 아는 단어가 나왔다. 좀더 공을 들여야 했다.

"언제든, 무슨 일이든 연락하세요. 평소에는 정보 달라고 괴롭히지만, 위기 때, 사건이나 사고가 나면 제가 엄청 쓸모 있어요."

실제로 마농이 교통사고가 났을 때 연락이 왔다. 그런데 중요한 인터뷰 중이어서 보험회사에 신고하라고 했더니, 삐져서 한동안 연락을 안 받았다.

그녀의 이야기를 듣다가 소름이 돋을 때도 있었다. 나에 대한 정보를 말할 때였다. 박근혜·최순실 비자금 취재 때문에 유럽 출장을 갔을 때였다. 파리에 도착한 지 12시간도 지나지 않았을 때 문자가 왔다.

"모나리자는 잘 있나요? 한국에 언제 와요?"

내가 한국에 없는 것을 어떻게 알았지? 몇 달 후 스위스 출장에서 돌아왔을 때도 문자가 왔다.

"스위스에서 박근혜 돈은 좀 찾았나요? 김어준하고는 왜 같이 안 들어왔어요?"

"네?"

"김어준은 쇼핑하고 이틀 뒤에 온다면서요? 같이 쇼핑도 좀 하시지."

마농은 나도 모르는 김어준 귀국 일을 말했다. 내가 어떻게 아냐고 물으니 "이런 것도 모르면 안 만나줄 거잖아요"라고 말했다.

그녀는 이명박 주변에 있었던 게 분명했다.

이명박 측근들의 신변잡기를 하나씩 흘리는 걸 보면. 우리 동선까지 훤히 꿰고 있는 걸 보면. 그러니 그녀가 마음을 열고 정보를 털어 놓게 해야 했다. 그런데 정보가 될 만한 얘기를 내놓기 두려워했다.

"어디로 가야 하나요?"

"뭘 공부하면 되나요?"

"조사할 단서라도 하나 주세요?"

그녀는 말을 하지 않았다. 자신이 드러나는 것을 제일 두려워했다. 너무 말을 안 해서 화를 내기도 했다. 크게 싸우고 한동안 연락이 끊어진 때도 있었다. 한 달에 한두 번 꾸준히 그리고 우연을 가장해서 조심조심 만났다. 그녀가 아프리카 독재자와 찍은 사진이나 올랑드 프랑스 대통령과 찍은 사진을 보고는 좀 놀랐다. 장 파스띠앙이 뭘 했는지도 길게 들었다. 모르는 사람이었지만 '저는 그 사람 몰라요' 할 수도 없어서 그냥 들었다.

마농은 자신이 드러나는 말을 극도로 피했다. 얘기를 할 듯하다가 결국 안 하고 헤어졌다. 정말 치사했다. 화도 났다. 이명박이 뭐라고 내가 여기서 아쉬운 소리를 하고 있는지……. 정말 때려치우고 싶을 때가 한두 번이 아니었다. 아니, 다 때려치웠다. 마음을 비우고 돌아섰을 때 마농이 하나를 내놓았다. 돈이 어떻게 움직이는지 상세히 설명해주었다.

자○○라는 수산회사가 있어요. 이 회사는 파나마로 가는 돈 흐름에서 굉장히 중요한 역할을 하죠. 근데 이 회사가 굉장히 작아요. 실제로 수입 물량이 거의 없다고 할 만큼. 작년에 알아봤을 때도 실제로 운영은 안 되는 거 같았어요. 그런데 나가는 돈은 많아요. 나가는 돈이 너무 커. 자○○의 모회사가 B개발. 이름을 또 바꾸죠. 2007년인가 2008년인가에 싱가포르에도 법인을 하나 세웠어요. 실제로 이런 회사들이 자금 이동할 때 중요한 역할을 해요. 포스코가 정말 큰 역할을 했는데 법망에 안 걸려요. 포스코는 이미 웬만한 검찰 자료는 가지고 있는 거 같아요. 돈이 자○○에서는 홍콩, 싱가포르, 파나마를 거쳐 최종 계좌는 카리브해에 있는 로열뱅크오브캐나다 바하마 지점으로 모여요. 이명박 라인이라기보다 이상득 라인이 움직여서. 이런 그림을 이명박이 시장일 때 다 만들어 놓은 것 같아요. 진짜 대단해요."

이명박, 이상득 형제는 진짜 대단하다. 형제가 다 해먹은 사업도 까고 들어가 보면 친박이 꼭 한두 명씩 나온다. 자기네들이 먹으면서 친박한테 자리를 하나씩 나눠줬다. 자원외교 때 책임자가 친박 최경환이었다. 역외탈세와 관련해서도 최경환 이름이 나온다. 롯데월드타워 인허가 길목에도 친박이 딱 나온다. 다음 권력을 공범으로 만드는 치밀함. 그들은 정말 대단하다.

주 최종 계좌는 규모가 어느 정도 되나요? 여러 곳에 분산되어 있나요?

마농 금액이 커서 옮기지는 않죠. 내가 그 사람 입장이라도 옮길 필요도 없죠. 우리가 아무리 이렇게 띠들이 대도 그 계좌는 건드릴 수가 없으니까.

주 그렇죠, 국가권력이 바뀌지 않는 한.

마농 근데 이 계좌의 존재를 증명하려면 불법 무기나 테러리스트랑 관련되어야 하는데 테러리스트는 아니고. 무기나 마약 외에는 이 돈을 터치 못 하니까. 그런 혐의가 있어야 미국에서 제재를 할 수 있거든요. 미국은 그 외에는 안 봐요. 게다가 이명박은 대통령 자리에 앉아 있을 때 미국과는 자기 재산 이야기를 끝냈지요. 아 참, 이명박 그분 아들이 중국에 물류센터도 지었어요.

주 다스가 엄청나게 성장했어요. 이명박 정권 들어서부터 지금까지 매출액이 10배 넘게 성장했어요. 무엇보다 해외 투자를 너무 많이 해요.

마농 네, 이렇게 해 먹으신 돈으로 투자도 잘하세요. 투자의 귀재 같아.

다시 전투력 상승. 그리고 다시 비굴 모드. 있는 곳을 알면 쫓아가서 물어보고, 전화 오면 만나달라고 졸랐다. 이명박을 보낼 수 있는 한 방을 찾을 수 있다는 생각에. 마농과는 50번 정도 만났다.

주 이명박 정부 때는 뭐 하셨어요?

마농 프랑스에 있다가 토고에 좀 있었어요. 한국에 들어왔다 다시 외국 나갔죠.

주 외국 대통령이나 대사들과도 친하고. 올랑드랑 사진 찍고. 사업을 하세요? 외교 관련된.

마농 지금은 사업해요. 비영리사업. 외교에는 관여한다고 해야 하나, 말아야 하나?

주 김어준하고 나는 만나서, 파리에 가자, 그러면 갑자기 가요. 누구한테 이야기하지 않아요. 같이 움직이지도 않아요. 김어준 먼저 가고 나는 좀 있다 가요. 아무도 모르게. 그래서 둘이 파리에 있는데 문자가 와요. '언제 와요? 김어준이랑 잘 놀고?' 이런 식이야. 그러다가 둘이 언제 들어갈까? 내일 가볼까? 얘기하다가 김어준 들어가고 나는 그 다음다음 날 와. 그러면 '김어준 들어왔던데 왜 주 기자님은 안 들어오세요?' 이렇게 물어요. 국정원이세요? 국정원을 넘어가는 거 같아. 뭐 하는 사람인지 나는 모르니까.

마농 뭐 하는지 다 알면 재미없잖아요. 한국에 오니까 정보 안테나가 안 서요. 밖에 있으면 내부가 뭐하는지 잘 보이는데.

주 뭐 하는 사람이에요, 당신? 진짜 정체가 뭐야?

성도 모른다. 부르는 이름이 있지만 서류상 진짜 이름인지 모른다. 국적도 모른다. 내가 찾는 게 직업인 기자인데 알 수 없었다. 해커, 외교관, 스파이, 로비스트, 무기상, NGO 활동가……. 전에는 이 가운데 하나라고 생각했는데 이제는 이 모든 것이 다 그녀의 직업일 수 있겠다고 생각한다. 프랑스와 프랑스어를 쓰는 아프리카 국가인 토고에서 살았다. 토고 왕족과 매우 가까운 사이라고 했다.

주 좀만 도와줘요. 잡아야 될 거 아니야, 이명박. 나쁘잖아. 바하마든 케이맨이든 카리브해에 있는 돈은, 이명박 비자금 저수지는 이지형 쪽에서 세팅하고 컨트롤 하는 거 맞죠?

마농 몰라요. 당연히 그러겠지만. 제가 그렇다, 안 그렇다라고는 말 안 해요.

주 그때 그 계좌는 최종 목적지 근처에 있는 계좌라고. 근데 확인은 안 되고 계좌번호도 안 나오고 이름도 안 나온다고요?

마농 이름이 안 나올 수밖에 없죠. 부분만 보면 중간에 회사명도 바뀌고, 갑자기 개인 명의로 바뀌기도 하고, 알기 어렵죠. 그리고 이게 캐나다 쪽에 있을 땐 돈이 사라지는 것 같기도 하고요.

주 큰 덩어리는 로열뱅크오브캐나다하고 어떻게든 관련이 되잖아요, 그죠? 거기에 누가 있겠지?

마농 해외에서 페이퍼 컴퍼니 한 번 유출됐을 때 우리 한국에서는 아무 말도 안 했죠.

주 안 했죠.

마농 응, 못 하죠. 모르니까. 그래서 저도 몇 년 전에는 이 회사에 대한 정보를 얻기가 힘들었던 거예요. 그러다 이번에 자료실에 들어가서 봤더니 뜨더라고요.

비밀계좌를 알아도, 페이퍼 컴퍼니를 찾아도, 누구 것인지 얼마가 있는지 얼마가 움직였는지 우리는 알 수 없다. 파나마 최대 로펌 '모색 폰세카'에서 사상 최대 규모의 조세회피처 자료가 유출됐다. 한국인의 이름도 여럿 나왔다. 그런데 그때 한국 정부 조직에서는 아무 말도 하지 않았다. 그만큼 비자금 회사에 대한 정보를 얻기가 힘들다. 알려진 것도 없고. 그런데 마농은 이런 정보가 담긴 자료실에 들어가 봤다고 했다. 그 자료실, 딱 한 번만 들어가고 싶다. 아이고 죽겠다. 한마디만 더 해주지.

마농 실제로 이분이 많이 사용했던 거는 지로예요. 싱가포르에서 송금할 때 지로를 많이 썼어요. 지로를 쓰면 어디서 (돈이) 흘렀는지 몰라요. 기업에서도 많이 사용하는 방법이죠. 조사하는 입장에서 파악이 좀 어렵죠.

주 국세청이 달라고 하면 받을 수 있지 않나요? 싱가포르는 우리랑 협약을 맺지 않았지요?

마농 네. 정부에서 정확한 날짜의 정확한 금액을 얘기해주지 않으면 확인을 안 해줘요.

알면 알수록 안 된단다. 불가능하나는 근거는 기하급수적으로 쌓이고 내 힘으로 덤벼볼 수 있는 실마리는 산술급수적으로 쌓인다. 될 것 같았던 일들이 다 안 될 일로 보이기도 한다. <u>으으으으으</u>. 에라 모르겠다. 나는 그냥 달린다. 지금껏 달려온 것처럼.

주 MB가 대통령일 때 만든 비자금 규모가 대략 어느 정도예요?

마농 확인한 게 한 10조 정도 된다고 얘기했잖아요. 그 계좌에만. 근데 투자를 하시니까, 더 많겠죠.

주 그 계좌에 10조가 있나요? 다른 계좌는요?

마농 여러 개는 아닐 거예요. 제가 볼 때는 세 개, 다섯 개 이하. 새로 등장한 다른 계좌 하나가 또 있으니까. 두세 개인 거 같아요.

주 그래, 두세 개만 되도 20~30조는 되겠네요.

마농 금액이 얼마인지는 모르죠. 더 많을 수도 있죠.

어쨌든 간다. 갈 수 있는 한 가기로 했으니까. 언제는 확실해서 갔나. 그냥 가자. 가보면 또 다음 갈 데가 보이기도 하니까.

주 CNK라고 아프리카 카메룬에 있는 다이아몬드광산 개발한다고 사기 쳤었잖아요. 그때 갑자기 크레디트스위스 싱가포르에서 CNK에 1천만 달러를 빌려줘요. 듣지도 보지도 못한 한국의 중소기업에. 구완 옹이 싱가포르 지점에 있었다면서요? 그것도 관련 있지요?

마농 계속 관련이 있죠. 구완 옹은 남아공에서 포스코 관련해서 계좌 운영을 좀 많이 했죠. 가짜 페이퍼 컴퍼니가 아니라 우리나라 공사들도 다 개입이 돼 있는 페이퍼 컴퍼니를 7개 만들어서…….

주 저는 지금은 캐나다 관련된 것만 집중하고 있어요. 스위스 박근혜 돈은 잠시 미뤄 놓고. 자○○에서는 어디로 가요?

마농 홍콩, 싱가포르, 파나마.

주 싱가포르, 로열뱅크오브캐나다 들리나요?

마농 여기는 다른 은행. 그러다가 최종 계좌는 카리브해에 있는 로열뱅크오브캐나다. 뉴욕 쪽에 탐정 안다고 하지 않았나요?

주 네네.

마농 이 회사를 한 번 찾아가 봐요. 로열뱅크오브캐나다 계좌를 개설하는 데에도 역할을 한 거 같아요. 2004년도에.

주 2004년도에, 이 회사명으로.

마농 이제 없어졌어요.

주 관련된 명의는?

마농 제가 아는 거는 없어져서 못 찾았는데…….

주 몇 개 더 알려줘요. 알아보게.

아, 헛고생, 헛고생. 수없는 헛고생을 수도 없이 했다. 더 격렬하게 헛고생을 하겠다고 팀까지 끌고 간다. 그들은 돈도 많고 조직도 엄청난데 우리는 하나도 없다. 솔직히 이런다고 뭐가 찾아지긴 할까……. 실마리 하나 들고 나설 때마다 이 정보가 아무것도 아닐까 봐 두렵다. 하지만 더 이상 쫓아갈 실마리가 없을까 봐 더 무섭다.

주 날 왜 만나 주세요? 위험을 감수하고. 아무 도움도 안 되는 사람을.

마농 자기 이익을 위해서 하시는 일 아니잖아요? 옳다고 생각해서 하는 거잖아요. 정의롭고. 취재한다며 자꾸 질문하고, 계좌 내놓으라고 협박하고, 취재가 안 된다며 화낼 때는 싫었지만 덕분에 무미건조했던 삶에 위로가 됐어요. 불쌍한 마음도 있었고 돈 빌려달라는 말을 안 해서 굳이 안 만날 이유도 없었어요.

마농은 호화롭게 산다. 해외에서 거주할 때는 수영장 딸린 집에서 살았다. 헬기 타고 휴가를 떠나고. 그래서 돈을 중요시하는 사람처럼 보였다. 그런데 전혀 돈 될 일 없는 나와 만나준다. 정의가 숨

쉬는 분이다. 삶의 방향은 그렇지 않지만.

그렇게 2년쯤 쫓아다니고 40번쯤 만났을 때 마농이 페이퍼 컴퍼니와 계좌 몇 개가 적힌 종이 한 장을 내놓았다.

Transactions bancaires

XXXX(부산): 555-555-XXXX / 477-XXXXX-05-013(XXXX) → via société bancire BIBF(Bangkok International facilities) → Hong Kong → Bangkok → (DBS Bank of Singapore) n°002-XXXX14-5E

BORODA BANK (New Delhi) / ROXXX 계좌 N°100-025-XXXXXX → DBS Bank n°002-XXXX14-5E

USB XXXXX (Copenhagen) → Bundesbank(Munich) n°00XXXX-473-EID-525

AUSTRO Bank of Panama N°compte 03095XXXX → via BAC Banking Caraïbe Bahamas → RBC n°058-13-02XXXX20C

POXXX(Durban) → via la société OXAM → Bahamas

JXXXXXX KOREA CORP. / XXXXXX FISH Company of Mexico inc. → PANAMA → via société OXAM-Willbes → Bahamas

---

페이퍼 컴퍼니는 돈을 옮길 때 한 번 쓰고 버린다고 했다.

지금은 다 죽은 소용없는 계좌라고, 계좌 주인이 바뀌어서 개인의 힘으로는 찾을 수 없다고 했다. 그래도 내게는 의미 있는 자료였다. 은행원 친구를 찾아가서 계좌마다 1달러씩 돈을 송금했다. 1달러를 해외 계좌로 보내는데 수수료가 15달러씩이나 들었다. 돈을 보내고 나서 거의 존재하지 않는 계좌라는 회신을 받았다. 그런 계좌들은 지정하지 않은 계좌에서 보낸 돈은 안 받는다. 실수로라도 계좌가 드러나지 않도록. 그런데 며칠 후 연락을 받았다. 그중에 송금된 계좌가 있다고. 살아 있는 계좌가 있다고.

그날 바로 뉴욕행 비행기 표를 끊었다. 통장에 잔고는 0원. 하지만 내게는 카드가 있었다. 돈을 조금만 갚아도 돈을 친절하게 빌려주는 리볼빙 카드가. 사채 이자를 받긴 하지만. 그리고는 '독수리 작전'을 발동해서, 전두환 비자금을 쫓던 팀을 소집했다. 국정원, 국세청, 금감원, 은행에 다니면서 나를 도와주는 착한 전문가들. 엄중히 감시당하는 나 때문에 그동안 통 만나지 못했다.

"너랑 친하다는 걸 들키는 날에는 내 인생은 끝장이야."

"형, 안 도와주면 나랑 친하다는 걸 폭로할거야."

회의 결과, 이 정도 정보로는 아무것도 건질 수 없으니 가지 말라고 했다. 안전을 담보하기도 어렵다고. 알겠다고 대답했다. 그러고는 비행기에 올랐다. 주머니에 1만 달러를 넣고. 그때가 2014년 가을쯤이었다.

도박하러 가는 심정이었다.

뉴욕의 대형 로펌 클리어리 고틀립(Cleary Gottlieb Steen & Hamilton)의 변호사 A를 찾아갔다. 물론 그냥 안 만나준다. 김앤장 소속 한 미국 변호사의 소개를 받았다. 그리고 예전에 받아 놓은 한명숙 전 총리께서 써주신 추천서를 재활용했다. (한 총리님 죄송합니다. 한 총리는 조세회피처 페이퍼 컴퍼니 취재를 위해 추천서를 써주셨다. 매우 훌륭한 기자라고. 자신이 보증하니 도와달라고⋯⋯. 그런데 추천서는 써먹지도 못했다. 검찰이 출국금지를 내려놓았다. 비자금 취재를 간다고 했더니 얼마 후 이건령 검사님이 도주할 우려가 있다고 구속영장을 청구했다. 5촌 살인사건을 보도했다는 이유였다. 검찰은 계속해서 나의 발을 묶으려고 했다. 이명박 정부 들어 시작된 현상이었다.) 그에게 한국에서 제일 유명한 기자라고 허세를 떨었다. 〈뉴욕타임스〉에 실린 내 기사를 보고 변호사는 약간 호기심을 가졌다. 사실 A 변호사가 한국 법률시장 진출에 관심이 있다는 정보를 듣고 일부러 그에게 접근했다.

변호사에게 1만 달러를 주었다. 내 전 재산이었다. 그리고 찾는 계좌에 돈이 있으면 10만 달러를 주겠다고 했다. 마치 1만 달러를 도박판에 베팅한 기분이 들었다. 사실 정식 수임을 한 건 아니었다.

그리고 한편으로는 탐정을 찾아갔다. 크로스체크. 뉴욕에서 가장 실력 있다는 이순기 탐정을 만났다. 그는 17년간 경찰로 일하다가 탐정으로 변신했다. 이명박의 돈을 찾아다닌다고 했더니, 나를 정신 나간 사람 취급했다. 미친 짓을 한다고 했다. 이 탐정에게 이유를 설명한 후, 애국심에 호소했다. 5천 달러를 준다고 했다. 하지만 돈은 안 받고 기본적인 정보를 체크하는 것만 도와주기로 했다. 내가 살아온 게 불쌍해서라고 했다. 앞으로도 내 열정을 사회를 위해 써달라며.

일주일쯤 지나서, 뉴욕 로펌과 탐정 사무소에서 차례로 결과가 나왔다.

두 곳에서 모두, '확인할 수 없는 계좌'라는 답이 왔다. 계좌 유무조차 확인할 수 없었다. 일단 페이퍼 컴퍼니는 사라진 상태였다. 로열뱅크오브캐나다 이후에는 흔적을 찾지 못했다고 했다. 대실패였다. 대실망이었다. 힘이 빠진 것보다 화가 났다. 마농과 한동안 연락하지 않았다. 전화가 오면 냉랭하게 받을 수밖에 없었다. 나의 이명박 돈 찾기 프로젝트도 잠시 멈춤……

다시, 박근혜의 저수지를 좇기 시작했다.

원세훈, 외교행낭에 담긴 진실

최승호 PD가 만든 〈자백〉의 주인공으로 더욱 유명해진 원세훈 전 국정원장이 이명박 비자금을 만졌다는 소리는 소문에 그치지 않는다. 그가 이명박 정부에서 승승장구한 건 다 돈 때문이라는 추측이 있다. 이명박의 포항중학교 후배 원세훈은 성격이 원만하지 않아 주변에 사람이 없었다. 밥을 자주 혼자서 먹었고, 그래서 별명이 '원 따로'였다. 하지만 그에 대한 이명박의 신임은 두터웠다. 이명박이 서울시장일 때 서울시 행정제1부시장을 지냈다. 이명박 대선후보 상근특보, 이명박 정부 행정안전부 장관을 거쳐 2009년 2월 국가정보원장 자리에 앉았다. 정보에는 문외한이었지만. 2013년 2월 이명박이 퇴임한 후에도 국가정보원장으로 계속 근무하다가 18대 대통령 선거 댓글조작 의혹이 드러나자 퇴직했다. 결국 2012년 대통령 선거에서 여론조작을 지시한 혐의로 구속되었다.

나에게 원세훈은 이명박의 자금줄이기 때문에 중요하다.

서울시에서 부시장에 오른 것도, 국정원장에 간 것도 다 돈을 만들기 위해서였다고 나는 믿는다. 물론 이명박을 위해서. 국정원장은 누구의 감시와 조사도 받지 않고 국경을 넘나들 수 있는 주머니, 외교행낭 사용권이 있다. 원세훈이 국정원장으로 있을 때 미국과 캐나다를 수차례 드나들면서 외교행낭을 이용해 돈을 빼돌렸다는 게 의혹의 핵심이다.

원세훈의 복심으로 불리던 국정원 요원이 있었다.

원세훈은 국정원 내부를 잘 몰랐다. 당연하겠지. 그래서 오래 알고 지낸 국정원 직원을 심복으로 삼아 내부를 장악했다. 예전에 서울시를 출입하던 IO(국정원 요원)였다. 그 직원은 국정원 인사와 기획을 총괄하면서 막강한 위세를 떨쳤다. 정권이 바뀌자, 심복은 조직의 공적이 되었다. 하지만 원세훈은 그를 전혀 챙기지 않았다. 그래서 내가 챙기고 싶었다.

국성원 식원은 처음에는 흔들리지 않았다. 찍고 또 찍어도 끔쩍하지 않았다. 그런데 조직이 그를 희생양으로 삼고, 원세훈이 그를 구렁텅이로 밀어 넣자 입을 열기 시작했다. 조금씩 아주 조금씩. 원세훈의 최측근 국정원 요원에게 나온 증언은 훨씬 구체적이었다.

주 원세훈은 국정원장 시절, 왜 그렇게 외국에 많이 갔나요? 특히, 미국과 캐나다를 자주 갔죠.

국정원 내부자 많이 갔죠. 국정원장이 미국에 가면 당연히 영사, 수행이 따라붙는데 원세훈 원장은 다 떼놓고 혼자 움직였어요. 수행비서관이 너무 놀라서 안절부절못했다고 하더라고요. 근데 꼭 미국을 갔다가 캐나다 국경을 혼자 넘어가요. 경호직원들도 다 따돌리고.

주 도대체 왜 캐나다에 잠행하지? 그것도 혼자서. 공작 활동의 일환일까요?

국정원 내부자 아닐 거예요. 원장이 공작 활동에서 직접 움직이는 경우는 없지요. 거의 없어요.

주 아니 원장이 무슨 007이야? 혼자서 스파이 하려고. 재임 기간 4년 중에 수십 차례 간 거는 맞죠? 외교행낭 들고?

정말 많이 갔지요. 파우치, 그러니까 외교행낭 들고 간
건 맞는데 수십 차례는 아닐 거예요. 10여 차례 정도 되는
것 같은데요.

국정원장의 외교행낭.

나는 아직 이 건에 대해 수집한 증거가 부족하다. 사실 증거가
나올 수가 없다. 실질적으로. 007도 그만큼 깊숙하게 들어가지 못
할 것이다. 처음에는 정의를 위해 함께 파헤치자던 사람들이 중간
에 다 사라져버렸다. 그래서 요만큼밖에 못 갔다. 그러나 이제 때가
오고 있다.

국정원장 원세훈과는 사실 몇 번 마주쳤다.

우연이 아니라는 것을 알았을까? 나는 그의 스폰서를 통해 동
선을 알고 있었다. 무슨 일만 생기면 그의 동선에 불쑥 끼어들었다.
내가 열 가지를 물어도 한마디도 대답 안 했다. 내 전화로 하면 안
받아서 전화기를 빌려가며 통화했는데 그마저도 뚝 끊었다.

국정원의 반격도 만만치 않았다. 국정원은 내가 누구를 만나고
무엇을 했는지 파악하고 있었다. 나와 접촉했던 국정원 직원들은 죄
다 불려갔다. 내 전화기를 도청했거나 통화 기록을 뒤졌던 게 분명
했다. 한 직원은 나와 친분이 두텁다는 이유 하나로 지방으로 쫓겨
났다. 분했다. 모든 걸 다 걸고 싸우고 싶었다. 그런데 내가 싸우면

나와 관계를 맺었던, 나를 도왔던 의로운 사람들이 직접 피해를 입을 수 있었다. 쓸개 대신 껌을 씹으며 그날을 곱씹고 곱씹었다. 원세훈에게 반드시 되갚아 주리라 결심했다.

그러기 위해서는 증거가 필요했다. 몇 걸음 더 들이가야 한다.

캐나다에 왜 갔는가?

외교행낭을 썼는가?

국정원장답게 원세훈은 철벽이었다. 그는 자리를 피했고, 전화를 바로 끊어버렸다. 그래서 원세훈의 부인을 뚫기로 했다. 원세훈의 부인은 '부원장'으로 불릴 만큼 설치고 다녔다. 원세훈이 국정원장이던 2011년 국정원 요원들이 인도네시아 대통령 특사단 숙소인 롯데호텔에 잠입해 노트북을 뒤지다 청소 노동자에게 발각되는 일이 있었다. 세계 정보기관 역사에서 길이 빛날 실패작이었다. 그럼에도 불구하고 원세훈은 자리를 지켰다. 원세훈 부인이 이명박 부인에게 쫓아가 유임시켰다는 설이 국정원 내에서 파다했다. 둘은 이화여대 동문으로 사이가 특별히 돈독하다고 했다. 돈 쪽으로는 더욱.

원세훈 부인이 어떤 사람인지 알려주는 일화가 있다. 한번은 원세훈 부인이 고추장이 먹고 싶다고 국정원 전주 지부장에게 전화를 걸었다. 부인 성격을 아는지라 전주 지부에 비상령이 떨어졌다. 순창 고추장은 평범하다고 판단한 전주 지부장은 정보망을 총동원해 남원에 명품 고추장이 있다는 걸 확인했다. 그리고 신참 직원을 급파해 구매한 고추장을 원장 관사에 직접 배달하라고 지시했다. 그날 저녁상에 올라야 하기 때문이다. 그런데 장마철 수해로 우면산 일대가 통제됐다. 원장 관사로 가는 길이 막혔다. 직원은 길을 막은 경찰에게 국정원 비상 작전이라고 둘러대며 원장 관사에 고추장을 무사히 배달했다. 돌아가던 직원을 불러 원장 부인이 특별활동비 봉투를 내놓았다. 봉투에는 3만 원이 들어 있었단다.

전화를 걸자 다행히 원세훈 부인이 받았다.

당연하다. 바로 그때 전화하라고 일러주는 사람이 있었으니까.

주 사모님, 원장님 사모님이시죠?

원세훈 부인 네네.

주 저는 〈시사IN〉의 주진우 기자라고 합니다. 안녕하세요.

이런 전화 많이 한다. 만나서 하는 취재보다 많다. 어쨌든 저쪽에서 끊지 않고, 입을 닫지 않고, 길게 길게 무슨 말이라도 하도록 대화를 끌어가야 한다. 뭐라도 건져야 한다. 꼭 물어야 하는 질문을 준비하고 있지만 다그치다가 상대가 마음을 닫아버리면 다음 기회도 없다. 지금은 증거를 확인하는 단계가 아니고 티끌이라도 찾아야 하는 단계다. 통화는 길수록 좋다. 길게 말하다 보면 할 말만 하지 않는다. 상대가 안 보이면 자기 이야기에 더욱 집중하는 경향이 있다. 인간의 속성이다.

전화 통화에서 회사와 이름을 꼭 밝힌다. 〈시사IN〉이라고 하면 금방 알아듣는 사람이 10명 가운데 1명 쯤. 잘 모른다. 시사 잡지가 가진 특성 탓에 이명박근혜 진영에서는 싫어할 수도 있다. 그래서 전화받는 사람이 〈시사IN〉을 모르는 것은 크게 약점이 아니다. 원세훈 부인은 몰랐다. 다행히 나도 누구인지 몰랐고. 기자라고 하니 긴장은 했겠지. 이런 통화나 취재를 할 때 되새길 삶의 진리는 누구든 인생에는 굴곡이 있다는 것이다. 특히 높은 자리에서 내려오면 할 말이 많다.

> **원세훈 부인** 네네.
> **주** 원장님하곤 제가 몇 번 뵙고 그랬습니다.

친한 척했다. 원세훈이 원치는 않았지만 만난 건 사실이지 않은가. 얼굴도 아는 사이고.

> **원세훈 부인** 아, 예예.
> **주** 건강하시고요?
> **원세훈 부인** 아유, 그냥 건강 안 좋으십니다.
> **주** 화병 때문에 그러시구나. 사모님 그거 좀 여쭤볼게요. 원장 시절에 미국에 자주 다녀오셨잖아요.
> **원세훈 부인** 아, 예예. 몇 번 가신 적이 있겠죠.

주 자주 다녀오셨잖아요. 미국하고 캐나다는.

원세훈 부인 아닙니다. 캐나다는 자주 안 가셨습니다.

주 원장님 재임 시절, 간부 사모님들이 많이 따르고 모임도 많이 하고 그러셨다면서요.

캐나다를 언제 얼마나 다녔는지는 아주 중요한 대목이다. 단호하게 부정하니 좀 돌아가기로 했다. 화제 중심을 원세훈에게서 부인으로 옮겼다. 그러니까 완전히 딴 이야기로 넘어갔다.

원세훈 부인 아, 그거는요. 저만 한 게 아니고 옛날서부터 그런 모임이 있지요. 장관 모임도 그렇고. 그리고 국정원 조직이라는 게 굉장히 폐쇄적이고 죄를 받아도 굉장히 세게 받고, 그러다 보니까 주로 그런 차원 아니었겠습니까.

주 저기 사모님 별명이 부원장이었던 건 아세요, 국정원 직원들한테?

원세훈 부인 아닙니다. 저는 전혀 모릅니다, 그런 거를.

주 그래요? 사모님, 손녀가 왔을 때 어린이집에서 조금 불상사가 있어서 어린이집을 관리하는 회사가 바뀌었죠?

원세훈 부인 아이, 전혀 사실이 아닙니다.

손녀가 관내 어린이집 놀이터에서 놀다 다쳤다. 바로 관리 회사를 바꾸었다.

> **주** 네, 알겠습니다. 원장님은 잘 계시고요?
>
> **원세훈 부인** 아, 그거를 왜 물어보십니까, 지금요?
>
> **주** 저는 기자고요, 물어보는 게 제 직업이에요. 죄송합니다.

취재하면서 가장 많이 듣는 말이다. '왜 그런 거 물어보냐?' 답하기 싫거나 답할 수 없을 때 이렇게 되묻는데 그때마다 내 답은 비슷하다. 죄송한 마음도 진심이다.

> **원세훈 부인** 제가 뭘 할 수 있어서 부원장입니까?
>
> **주** 별명이 그랬다는 거죠.
>
> **원세훈 부인** 아, 별명이요? 나쁜 사람들이 나쁜 말을 지어내서 그러는데.
>
> **주** 부원장은 나쁜 말은 아닙니다.
>
> **원세훈 부인** 아니 나쁜 뜻으로 그렇게 한 거겠죠, 뭐. 좋은 뜻으로 했겠습니까.

이분 말이 맞다. '부원장' 별명을 부른 사람들은 좋은 뜻이 아니었다. 아직 질문이 남았다. 다른 화제를 가져왔다. 대화를 길게 하려면 뭐라도 끄집어내서 이야기해야 한다. 사람들이 말을 길게 하는 경우가 두 가진데 하나는 자기 잘났다고 자랑하는 이야기이고, 또 하나는 억울하다는 이야기다.

주 저기, 방호원들을 감시하는 CCTV가 설치돼 있고 사모님한테 혼났다는 사저 방호원들도 많았어요. 그거는 어떻게 생각하세요?

원세훈 부인 방호원들이 혼난 거요? 저도 옛날에 선생님을 했습니다. 저는 사사로운 감정으로 애들을 야단치지 않아요. 그리고 제가 무슨 기운이 많아서 그렇게 야단치겠습니까. 근데 애들이 이거는 이렇게 해야 하고, 저거는 저렇게 해야 하고 이런 차원에서 이야기를 한 거지 제가 야단쳤다고 생각하지는 않습니다.

주 알겠습니다. 잘못이 있다면 야단도 쳐야죠.

원세훈 부인 그리고 사랑이 있을 때 야단을 칠 수 있어요. 제가 무슨 나이도 적은 사람이 아닌데 애들을 야단쳐서 제가 뭐가 즐거운 일이 있겠습니까.

방호원들이 다 성인인데 애들, 애들 한다. 방호원들이 원장 배우자가 하는 말이니까 들어줬겠지, 동네 아저씨가 말했다면 듣지 않았을 거다.

주 네네. 사모님, 국정원이 댓글 파동에 휘말리면서 사회적으로 논란이 된 것은 가슴 아픈 일 아닙니까?

원세훈 부인 그렇다고 우기고 그러는데 전혀 사실이 아니에요.

주 댓글이 사실이 아니라고요?

원세훈 부인 그 사람들이 썼는지는 모르겠어요. 근데 어떻게 위에서 시킬 수가 있겠습니까?

주 아니, 원세훈 원장이 지시 사항으로 댓글을 달라고 명령한 게 나왔지 않습니까?

원세훈 부인 아닙니다. 그거는 전혀 아니고요. 옛날에 인터넷에 노무현 대통령이 각 부서에 댓글을 쓰라고 그랬다는 이야기는 제가 들었습니다. 그거는 기자님이 너무 잘못 아시는 겁니다.

비가 오나 눈이 오나 노무현 탓이다. 노무현 대통령 재임 시절 댓글 쓰라고 한 것은 민원인들에게 친절하게 답하라는 말이었다.

주 전 국민이 원세훈 원장이 댓글 부대를 창설해서 댓글 달라고 했다고 알고 있는데요.

원세훈 부인 그거는 선동을 하고 그래서 그런 거고, 지금 재판을 하고 있지 않습니까?

주 네네.

원세훈 부인 재판을 한다는 거 자체도 좀 잘못된 거긴 하지만, 국정원장은 그런 일상적인 일을 하는 자리가 아니에요. 잘못된 언론이 보도를 잘못하고 있는 것이고요. 상식적으로 될 수 있는가를 살펴보시면 아실 거예요.

주 상식적으로 있을 수 없는 일인데 그런 일이 있으니까 그렇죠.

원세훈 부인 그렇죠. 그거는 있을 수 없는 일이고요. 2심에 그렇게 판결을 내린 주요 증거가 파기환송 됐지 않습니까?

주 조직에서 그런 불미스러운 일이 있었어요. 댓글을 다는 일은 있을 수 없는 일이라고 사모님이 분명히 말씀하셨는데, 그러면 조직의 수장이 잘못했다고 책임을 져야 하는 거 아닙니까?

원세훈 부인 아니죠. 도의적인 책임은 모르겠습니다마는 형사적인 책임을 질 수가 있겠습니까?

그러시겠죠. 책임은 절대 질 수 없으시겠죠.

주 네네. 사모님. 원장 끝나고 스탠퍼드로 가시려고 하셨지 않습니까?

원세훈 부인 네네.

주 스탠퍼드로 가셔서 연구원으로 지내기로 하셨지 않습니까?

원세훈 부인 아니 원장님이 거기로 가시려고 했다는 거는 신문에 났죠, 나중에. 우리가 가려고 한 게 아니고.

주 가려고 안 하셨어요?

원세훈 부인 가려고 하지 않았습니다, 저희는.

주 그래요?

원세훈 부인 국정원에서 굉장히 과로를 많이 하셨어요. 그래서 일수일 동안 일본을 갔다 오려고 했었던 거죠.

댓글 수사가 시작되자 원세훈은 미국으로 도피하려고 했다. 그러나 국정원 여직원에게 선거 개입을 지시한 혐의 등으로 출국금지가 걸려 있어서 나가지 못했다.

주 네.

원세훈 부인 우리는 스탠퍼드 대학을 가기 위한 액션을 취한 적은 없었습니다.

주 원장님 재임 시절에 국정원에서 스탠퍼드 대학에 한국학연구소를 만들어서 2백만 달러를 기부하고 거기 연구원 자리를 만들어서 퇴임 후 가기로 했다, 이렇게 보도가 나왔어요.

원세훈 부인 아닙니다. 그거는 전혀 사실이 아니고요. 사람들한테 물어봤었는데 그 돈이 시드머니(종잣돈)가 되어가지고 많이 불어났다는 이야기는 들었습니다.

잡았다. 국정원장이 미국 대학교에 비밀리에 돈을 주었다니.

주 아, 대학에 시드머니로 줬는데.

원세훈 부인 아니 그게 저기 그…….

주 스탠퍼드 쪽에 줬는데?

원세훈 부인 아니 그, 펀드로다가 뭐 어떻게 그 저기 저, 그 기부를 해서 그 돈이 그대로 살아 있다는 거 같던데요?

주 아, 네네, 좋은 데, 한국학연구소에서 좋은 데에 잘 쓰겠죠.

원세훈 부인 아니 한국학연구소가 아니고요. 저 스탠퍼드 대학 아니에요? 한국학연구소라는 게 스탠퍼드 대학에 없을 건데요?

사모님, 당황하신다. 그런데 많이 아신다. 스탠퍼드 대학에 한국학연구소가 진짜로 없다.

주 네네, 그걸 만들었다고 들었어요.

원세훈 부인 아니 한국학연구소라는 건 없습니다.

주 네에. 마지막으로 하나만 묻겠습니다. 원장님이 미국을 자주 가셨어요. 아까 해외 업무가 많다고 하셨지 않습니까?

원세훈 부인 네네. 미국만 가신 게 아니라, 여러 군데 가셨죠.

주 미국에 가셨다가 캐나다를 특별히 많이 가셨어요, 제가 취재하기로는요.

원세훈 부인 네, 한 번인가 그렇게 가신 건 있어요.

주 외교행낭에 그 많은 국정원 자금을 가지고 외국에 나가셨다는 이야기가 있어요.

원세훈 부인 전혀 사실이 아닙니다. 그거는.

주 사모님 그걸 어떻게 아세요?

꼭 확인해야 한다. 이명박 저수지는 캐나다가 핵이다. 최순실 저수지 핵이 독일과 스위스라면. 이명박 저수지에서는 외교행낭, 국정원 자금, 그리고 캐나다. 이게 핵심이다. 원세훈 전 원장이 가진 퍼즐 조각 가운데 가장 중요한 조각. 원세훈이 국정원장으로 해야 했던 중요 과업이었을 거라고 생각한다. 바로 외교행낭을 사용하는 것. 댓글 달기만큼 중요했겠지. 원세훈 부인은 극구 부인했다. 이 사람은 이 질문이 얼마나 중요한지 알고 있다.

원세훈 부인 정말로 국정원의 조직을 잘 모르시는데, 원장님이 뭐라고 하시면 아래에서 다 하지. 원장님이 들고 가고 그런 건 전혀 없어요.

주 원장님이 처음에는 직원들이랑 같이 갔다가 나중에는 혼자서 갔어요.

원세훈 부인 아니 그런 거는 전혀 없어요. 국정원이 어떤 조직인데 그런 돈을, 밑에 직원들이 얼마나 많은데. 왜 원장님이 가져갑니까?

주 아니 밑에 직원들도 가져갔다고 합니다.

원세훈 부인 아이 말도 안 돼, 가져갔으면 밑에 직원들이 가져갔겠지. 가방을 싸놓잖아요? 그러면 직원들이 가져가서 비행기에다 실어가지고 원장님이 호텔에 도착하시면 그때 호텔 방 안에 갖다 놓는대요. 그러니까 원장님 짐이라도 원장님이 가지고 가는 게 아닙니다. 사사로운 속옷 들어 있는 가방도. 너무 국정원의 조직을 모르시는 거예요.

주 제가 잘 알아들었습니다.

더, 더 깊이 들어가 보자. 내가 패를 보여주는 만큼 방어하는 사모님. 나는 정말 잘 알아들었다. 이렇게 여러 번, 거듭, 단호하게 아니라고 말하는 의미를 나는 정말 잘 알아들었다.

원세훈 부인 저 기자님, 제가 지금 기운도 없고 이런 이상한 수난을 받고 이러니까 산에 기도를 하러 왔거든요? 근데 제가 천지 신명께 말하겠습니다. 지금 그 얘기는 전혀 사실이 아니고요. 지금 기자님이 말씀하신 것도 전혀 사실이 아닙니다. 그리고 원장님이 돈을 받았다는 것도 전혀 사실이 아니에요.

나는 원 전 원장이 돈을 받았다는 말을 한 적이 없다.

주 알겠습니다.

원세훈 부인 국정원에서는 방호원 애들이 20명씩 3교대를 해서 60명인데요. 다 같이 그 집에서 삽니다. 그러니 뭐 하나를 사 먹어도, 제가 자유롭게 할 수 있는 일이 아무것도 없습니다. 그런 말을 지어내는데 전혀 사실이 아니에요. 저희가 국정원의 문을 닫고 나오지 않습니까? 그러면 시간에 그게 찍혀요. 원장님 차가 몇 분에 나갔다는 게. 그런데 롯데호텔에 사람들을 만나는 데 돈을 받으러 간 게, 국정원에서 26분 만에 갈 수가 있겠습니까? 기자님 한 번 생각해보세요. 원장님이 쓰시는 방이 아닌데 어떻게 원장님이 거기서 돈을 받습니까? 그러니까 그것도 전부 말이 안 되는 것이고요. 외국 가시고 그런 것도 원장님은 몸만 가시지 절대 짐을 들고 가시는 법이 없고요. 그 캐나다도 가신 적이 없습니다. 그거를 아시면 됩니다.

주 네네. 사모님 잘 알겠습니다.

국정원장은 국정원이 있는 세곡동에서 롯데호텔까지 26분 만에 갈 수 있다. 신호를 통제하니 충분하다. 쓰는 호텔방에서는 보안 장비가 설치되어 있으니 돈을 받는 게 더 힘들 수 있다. 다른 방에서 돈 받는 게 더 자연스럽다. 롯데호텔에는 이명박의 비밀 사무실이 있었다. 국정원 안가도 있다.

원세훈 부인 정확하게 보도를 하시고 어디에 어떻게 쓰는지도 저한테 알려주세요.

주 제가 정확하게 알려드리겠습니다. 마지막으로 하나만 여쭤보겠습니다. 원장님 재임 시절에 딸이 반포에 아파트 사셨죠? 24억짜리.

원세훈 부인 제가요?

주 따님이요.

원세훈 부인 아닙니다. 우리 딸은 지금도 전세 살고 있습니다.

주 그러면 반포에 아파트를 산 거는 아닙니까?

원세훈 부인 전혀 사실이 아닙니다. 누가 그런 이야기를 해요?

주 이것도 사실이 아닌 걸로 제가 알고 있겠습니다. 감사합니다.

이런 사람들이 있다. 질문하면 내용은 사라지고 어디서 들었느냐? 누가 그런 얘기했나? 원세훈의 딸은 반포 아파트에서 살고 있었다. 24억 원? 지금은 더 올랐겠다. 돈의 출처는 명확하지 않았다.

원세훈은 국정원을 망가뜨린 최악의 국정원장으로 꼽는다.

그를 좋아하는 요원들도 거의 없다. 그가 댓글 달기에 혈안이 되고, 특수활동비를 빼돌린 일로 자존심에 상처 입은 국정원 사람들도 적지 않다. 전직 국정원장을 수사하는 건 쉽지 않은 일이다. 방해가 많을 테니. 하지만 해야 한다. 새 정부가 출범한 지금이 기회다.

국정원이 민주주의를 죽이려 했던 어둠의 시대는 이제 끝나야 한다. 하지만 지금 국정원에서는 개혁을 위한 신호탄도, 캐비닛의 서류도 보이지 않는다. 이명박 때 잘나갔다가 박근혜 때는 주춤했던 국정원 인사들이 민주 투사인 양 거들먹거리고 있다.

가카가 이끄는 여행

저수지를 찾는 과정에서의 계속된 실패들. 두 번의 뉴욕 출장. 성과가 아예 없었던 것은 아니다.

이렇게는 계좌 주인을 찾을 수 없다고 했긴 하지만, 계좌 중 하나가 스위스에 있는 계좌와 연결되는 것으로 보인다고 했다. 주인이 이명박은 아닌 것 같고. 다른 한국의 권력자와 연결될 수는 있어 보였다. 귀국 후 자료를 모아, 정확히는 돈을 모아 스위스로 건너갔다. 박정희, 박근혜 비자금 찾기를 도와주는 크레디트스위스 뱅커와 프랑스 정보기관원을 만나서 이 비자금 계좌를 추적했다. 사실 돈을 줘야 하는데 그들이 나한테 돈을 받지는 않았다.

1970년대 박정희는 스위스에 비밀 계좌를 가지고 있었다.

박정희는 한국과 거래를 하는 미국 기업들로부터 뇌물을 받았다. 미국 국무부에서 만든 프레이저 보고서 한 대목이다.

"1971년 한국의 대통령 선거를 전후로 미국 회사들이 850만 달러를 한국의 공화당에 직접적으로 또는 한국측 대리인이나 비즈니스 파트너를 통해 지급했다. 850만 달러는 걸프 오일이 3백만 달러를, 칼텍스가 4백만 달러(1백만 달러는 대출, 3백만 달러는 선불금)를 한국의 비즈니스 파트너에게 지급했고, 그 밖의 3개 미국 회사의 대리인들은 최소 선거 3주 전에 모두 150만 달러의 커미션을 지급했다. 공화당이 그 돈의 궁극적인 수혜자였던 것 같다."

박정희는 월남전 파병용사의 월급도 5분의 1만 지급하고, 5분의 4는 스위스 은행 계좌로 빼돌렸다는 의혹이 있다. 미국 국무부 브라운 각서에 수록된 내용이다.

박정희의 비서실장을 지낸 김계원은 박정희 스위스 비자금에 대해 이렇게 말했다. "어떤 나라나 국가원수가 비밀을 유지해야 하는 정치자금을 해외은행에 입금해 놓는 일은 있을 수 있는 일 아니냐. 어떤 때 불러서 가면 '누가 왔다 가면서 돈을 놓고 갔는데 어떻게 하지' 하시면서 나한테 줬다. 내가 '각하 정치자금으로 쓰시죠' 하면 '응, 내가 쓸 돈은 있으니 필요한 부서로 보내도록 해' 그랬다. 언젠가는 스위스 은행에서 발행한 150만 달러짜리 수표를 주면서 원호처로 보내라고 한 일도 기억이 난다."

박정희의 측근들도 모두 스위스에 비자금 계좌가 있었다. 김형욱, 차지철, 이후락, 박종규…… 모두 뉴욕 부근에 대저택을 소유하고 있었고, 지금도 그들의 자식들은 억만장자로 떵떵거리며 산다.

아직도 한국 정치에 영향력을 행사하면서. 스위스 비자금이 그 힘의 원천이다.

그런데 박성희 얘기만 나오면 사람들은 검소하게 살았다고 한다. 총으로 빼앗은 재단과 대학의 재산 가치가 10조 원이 넘는데도 말이다. 깨끗하다고 한다. 딸 또래의 가수와 여대생에게 접대를 받다가 총 맞아 죽었는데도 말이다. 무지하고, 무식하다. 피가 거꾸로 솟는다. 스위스 비자금 계좌는 박근혜와 최순실이 한 종교단체의 비호를 받으며 관리하고 있다는 게 내 판단이다. 스위스와 독일에 줄기차게 다닌 이유가 그 때문이다. 2017년 올해만 세 번, 다 합해서는 열두 번 정도 간 것 같다. 2007년부터 육영재단 폭력 사건을 취재하면서 더욱 확신이 들었다. 5촌 살인사건을 보도한 것도 그 연장선상이었다. 돈이 움직이는 곳에 박정희 일가는 피를 뿌렸다.

2012년 대선에서 박근혜가 대통령이 된 후, 프랑스로 도망 아닌 도망을 가게 됐다.

엄밀히 말하자면 박근혜의 돈을 쫓았다는 이유였다. 살해 협박을 수차례 당했고, 박근혜는 나를 직접 고소했다. 검사들은 나를 잡으려고 혈안이 되어 있었다. 프랑스에 간 후, 노느니 이 잡자며 스위스와 독일에 드나들었다.

한번은 시사저널 편집국장으로 나를 가르쳐주신, 특히 욕으로 단련시켜 주신 제주올레 서명숙 이사장이 한마디 하셨다.

"스위스 대사관 사람이 네가 비자금 기사를 하도 써서 바쁘단다. 너 때문에 박근혜 정부에서 어떤 조약을 체결하느라 힘들대."

스위스 올레 행사를 진행하며 알게 된 대사관 직원의 이야기라고 했다.

깜짝 놀랐다. 2013년부터 비자금 취재하러 스위스와 독일을 집중적으로 다니고 있긴 했다. 최순실이 독일을 드나들 때였다. 그런데 나는 스위스로 바로 가지 않는다. 프랑스나 독일을 갔다가 기차를 타고 스위스에 슬쩍 다녀올 뿐이다. 그래서 내가 스위스에 드나드는 일은 아주 가까운 두세 명 빼고는 전혀 모른다. 그들에게도 좀 위험하다 싶을 때만 이야기했다. 더구나 난 이 건으로 기사를 쓴 적도 없다. 계속 자료만 모으고 있었다. 은밀하고 또 은밀하게. 그런데 내 동선을 알고 있다니. 그것도 대사관에서. 그 얘기 듣고 생각했다. 아, 내가 쫓아다니면 긴장하는구나. 움츠리겠구나. 좀 덜하겠구나. 그래서 결심했다. 더 열심히 쫓아다녀야지.

그때부터 압구정동에서 최순실 친구(이분들은 꼭 누나라고 부르라 한다)와 밥 먹고. 최순득 친구와 차 마셨다. 장시호 친구와는 친하게 지내고, 정유라 친구와는 베프가 되었다. 최순실, 정유라가 다니는 성형외과에도 가보고, 점쟁이한테도 가보고. 최순실 게이트가 터지기 6개월 전 '주사 백 선생'에게는 링거를 맞기도 했다. 특검에 백 선생의 존재를 알려준 것도 나다. 연락처와 함께. 그때 특검에 보낸 문자가 "주사 백 선생 0103888@#$%"였다.

박근혜 비자금 추적기도 이야깃거리가 만만치 않게 많다. 소설 몇 권 분량은 될 것이다. 후반에 결합한 안민석 의원과의 좌충우돌기는 바보들의 행진이었다. 요즘 안 의원이 자기 마음내로 미화하고 있는데 좀 많이 웃기다. 의원님, 정신 차리세요!

하지만 지금은 오직 한 분 이명박을 위해 집중하기로 한다. 꼼수의 화신. 돈의 신에게만.

기자는 기사를 쓰는 사람이다.

기사를 써야 한다. 하지만 이명박 비자금을 캐는 일은 기사로 쓰지 못할 가능성이 99퍼센트다. 그래도 쫓아야 한다. 무슨 이야기만 들리면, 단서든 자료든 뭐라도 생기겠지 하는 마음에 달려갔다. 즐거운 마음으로. 참, 많이도 다녔다. 내 여권에 찍힌 스탬프의 8할은 이명박 덕분이다.

영국에서 에콰도르대사관에 감금되어 있는 줄리언 어산지도 만났다. 어산지도 이명박 이야기를 듣고서는 매우 흥분했다. 미국에서 재무부 비밀 요원을 만난 것도, 스위스에서 뱅커를 만난 것도, 프랑스에서 정보기관원을 만난 것도, 벨기에에서 탐사전문 기자를 만난 것도, 싱가포르에서 비자금 브로커를 만난 것도, 홍콩에서 삼합회 조직원을 만난 것도, 일본에서 대기업 사장을 만난 것도……

다 이명박 덕분이다.

4장

저수지는
있다

비자금 저수지
목격자,
앤서니

낯선 번호로 전화가 왔다.

국정원에 있는 선배 K였다. 다른 사람의 전화를 빌려서 한 전화였다. 나도 그랬다. 대포폰이 여러 대 있지만 국정원 선배들과의 은밀한 대화는 꼭 지나가는 사람들에게 빌려서 했다. 젊은 여자 분들이 친절하게 잘 빌려 주신다. 문재인 정부가 들어섰지만 아직도 이방식을 고수하고 있다. 아직도 K를 못 만난다. K와 편하게 차 한 잔마실 수 없다.

인연이 오래된, 실력 있는 선배였다. 물론 정의롭다. 정의롭지 않은 공무원들은 나를 꺼린다. 내가 메르스 환자도 아닌데. 이 나라에서 전염병 환자처럼 취급당한다는 생각이 든 적이 한두 번이 아니다. 나와 관계되는 것 자체가 위험하다는 판단 때문이겠지. 그도 그럴 것이 국정원에서는 나를 간첩 취급한다. 엄중한 감시를 받았다.

게다가 이명박 정권 때부터는 나와 친하다는 이유로 좌천된 경찰과 국정원 직원이 여럿 있다. 사정을 아는 국정원 출신 김병기 의원께서 위로해주었다. 그래도 너무 서글펐다. 그러니 그 선배들을 위해서라도 열심히 살아야 한다. 반드시 조국의 독립을 이루어야 한다. 친일파로부터, 친군부로부터, 친독재로부터……

"주 박사님, 뭐하세요?" (나를 '박사'라고 부르는 국정원 요원이 여럿이다. 왜 그러는지는 잘 모르겠다. 아마도 내 이름을 부르며 통화하기가 어려워서인 듯하다.)

"저야 매일 똑같지요. 쫓고 쫓기고……."

"광화문에 박사님 취향 전시가 있어요."

광화문 세종대왕상 지하에 전시실이 있다. 오후 4시쯤이었는데 견학 온 아이들로 전시실이 시끄러웠다. 뛰고, 웃고, 소리 지르고 매우 어수선했다. 이명박 이야기를 나누기에는 더없이 좋은 환경이었다. 그 전 약속 장소는 강남구 역삼동에 있는 한 버스 정류장이었다.

K는 이명박 비자금 저수지를 본 사람이 있다고 했다. 한 은행을 자문하는 외국 변호사 앤서니였다. 농협에서 사고 난 돈이 캐나다를 거쳐 케이맨제도로 흘러갔다고 했다. (이명박의 큰돈은 모두 캐나다를 거친다. 캐나다 정유회사 하베스트. 칠레 광산 건도 그랬다. 이라크에서 자원외교를 담당하던 하찬호 대사가 캐나다로 부임하기도 했다. 캐나다, 정말 중요하다. 이명박에게.) 책임이 있는 자리에 있는 전문가의 구체적인 정황. 다시 가슴이 쿵쾅거리기 시작했다. 무조건 만나야 한다고 선배

를 졸라댔다. 그때가 2014년 봄날이었다.

아, 저수지는 있구나.

그동안 꼬리가 잘려서 좌절했지만 전설 속에만 존재하는 것이 아니었다. 캐나다에서 케이맨제도? 앤서니의 정보에서 이명박의 패턴이 나온다는 점이 더욱 가슴에 불을 질렀다. 저수지를 찾을 수도 있구나. 저수지를 알고 있는 사람을 만날 수도 있구나. 그동안 미친놈처럼 이명박 뒤를 쫓아다닌 것이 처절한 실패만은 아니었구나. 정부를 움직여서 미국 금융자료, 캐나다 금융자료를 보면 저수지의 실체를 파악할 수도 있겠구나……

앤서니를 만났다. 캐나다를 거쳐 조세회피처로 가는 공식을 거칠게 이야기해주었다. 내가 쫓았던 그 길이었다. MB로드. 정확한 정보를 내놓지는 않았다. 하지만 자신은 그 계좌들을 들여다봤다고 한다. 두 눈으로. 진짜가 나타났다는 확신이 들었다.

자주 문안 전화를 드렸다. 시간만 나면 만나자고 했다.

어디에 있는지 알면 무조건 달려갔다. 전화가 오면 무조건 첫마디가 이거였다.

"지금 그곳으로 가고 있습니다."

"여기가 어딘지 알고 와요?"

"몰라도 가고 있습니다."

"어딘지도 모르면서."

"어딘지 알려 주시면 10분 안에 도착합니다."

그리곤 무조건 차를 돌렸다. 대체로 20분 안에 도착했다. 앤서니는 신기해했다. 한번은 일본이라고 했다. 그래서 공항으로 가고 있다고 말했다. 실제로 일본 하네다 공항에서 만난 적도 있다. 앤서니가 깜짝 놀랐다.

4년째 앤서니의 꽁무니를 쫓아다니고 있다. 그렇게 그를 백 번 가까이 만났다.

"한국에서는 법적으로 클라이언트에 대한 건 절대 말해줄 수 없어요."

"그럼, 미국에서 말해주세요. 그건 괜찮죠?"

실제로 워싱턴행 비행기 표를 끊었다. 그랬더니 변호사 윤리상 미국에서도 계좌에 대한 정보를 이야기해줄 수가 없다고 했다. 매우 낙담하고 있는 나에게 국가기관이 찾는다면 도울 수 있다고 했다.

"검찰에서 고소만 하면 다 찾아줄게요."

"그래요?"

그래서 농협을, 국회를, 금감원을 닥치는 대로 쫓아다녔다. 그런데 그 어떤 기관도 고소하려 하지 않았다. 이상한 일이었다. 다시 앤서니에게로 갔다.

"하나만 알려주세요. 기사로 폭탄을 터트리면 바로 수사로 이어질 수 있어요."

"못 한다니깐."

"좀 알려주세요."

"난 저수지에서 발견되고 싶지 않아."

"제가 다 막아드릴게요."

계좌번호를 얻기 위해, 한마디 한마디를 모으고 모았다. 나는 내 일로는 누구에게도 절대로 아쉬운 소리를 하지 않는다. 그래서 이 모양으로 살고 있다. 그런데 정보를 얻기 위해서는 그렇게 비굴할 수가 없다.

거듭거듭 40번 정도 물어서 대강의 얼개를 그릴 수는 있었다. 그런데 아직 채워야 할 게 너무 많다. 더 졸라야 하는데 저수지에서 발견되고 싶지 않다고 했다. 그렇게 공포를 느끼는데 계속 내놓으라고 할 수 없고. 그래도 또 찾아가 묻는다.

"계좌 좀 알려주세요."

"안 된다니까."

"캐나다에 가서 실체를 좀 따져볼게요. 현지에서 입수할 수도 있잖아요. 조금만 알려주세요."

"절대 안 돼."

그러면 시무룩해져 발길을 돌렸다. 앤서니는 낙심한 내 표정이 마음에 걸려 또 전화하셨다. 그러면 바로 달려간다.

앤서니는 애국자였다. 일본의 검은 돈이 한국의 대부업을 장악한 것을 안타까워했다. 특히 오릭스라는 대부업체가 현대증권을 인수하려 한다는 것에 분개했다. 그래서 내가 취재를 열심히 해 비판적인 기사를 내보냈다. 결국 인수가 좌절됐다. 그때부터 앤서니는 입을 열기 시작했다.

앤서니 오늘 나보고 또 무슨 얘기를 하라고.

주 뉴욕에 가서 몇 명 만나고, 캐나다에 갈 겁니다. 노스욕 사건의 실체를 파헤치고, 하베스트 관계자도 한두 명 만날 거예요. 참, 케이맨제도로 가서 뭐 보라고 하셨지요?

앤서니 매이플스앤칼더 그리고 워커스. 두 메이저 로펌이 대부분 다 해. 케이맨 계좌가 누구 거라는 걸 밝혀야 하는데, 누가 도와주는데?

주 앤서니님이 도와주셔야죠. 미국 가서는 누구 만나야 돼요?

앤서니 내가 어떻게 알아? 난 아니야.

주 그 회사 이름을 좀 알려주세요.

앤서니 안 줘. 난 주면 안 된다니까.

주 하나만 주세요.

앤서니 안 줘.

주 고기 한 점 드시고 하나만 주세요. 하나만 주세요. 변호사님은 다 봤잖아. 주소도 다 아시잖아요.

앤서니 난 몰라. 이○○이 농협에 오고 나서 '천년회(농협 내 사조직)' 애들이 대출해줬다는 거 다 얘기했잖아. 계좌 얘기해주면

나 변호사 자격 잘려. 조금만 기다려. 나 이제 그만할 거야.

주 언제까지 제가 기다리면 되나요?

앤서니 몰라. 캐나다 가서 등기부등본 떼어보면 다 나오는 걸 왜 꼭 나한테 달라고 그래. 그게 이명박이 수법이잖아. 하베스트도 그렇게 했잖아. 마지막에 털 때도 페이퍼 컴퍼니가 인수하고. 다른 페이퍼 컴퍼니가 또 인수를 하고. 그 페이퍼 컴퍼니들만 쫓으면 나와. 이러면 다 알려준 거야.

주 등기부등본 쫓으면 종착역에서 엉뚱한 이름만 툭 나올 거 같은데요.

앤서니 종착역은 그냥 페이퍼 컴퍼니 만든 데로 가요. 케이맨에 가면 로펌 벽에 좍 붙어 있어. 그중에 하나지. 그 다음에 또 어떻게 되느냐, 그걸 찾으려면 그 회사 사업설명서를 찾아야 하는데, 그걸 어디서 받아? 투자를 했을 때는 다 나와요. 그러니까 하베스트에 투자한 돈이 가 있는 페이퍼 컴퍼니의 사업설명서는 석유공사가 가지고 있을 텐데.

주 석유공사의 누군가는 이명박의 돈이 움직인다는 걸 알고 있겠죠.

앤서니 그건 국정원이 알지.

이분을 만나서 캐나다 사건을 취재하고, 이명박의 돈이 캐나다를 거쳐 케이맨제도 쪽 조세회피처로 빠져나갔다는 확신이 생겼다.

더욱 앤서니에게 정성을 들였다. 밥값, 찻값도 내가 낸다. 언제나 목적지까지 편안하게 모셨다. 죽으라면 죽는 시늉도 했다. 이명박을 잡을 수만 있다면……. 우리 부모님에게 이 정성의 10분의 1, 아니 100분의 1만 쏟았으면 효자 소리 들을 텐데…….

앤서니 너는 왜 꼭 이명박만 잡으려고 그래?

주 이명박이 한국 사회 권력형 비리의 거두예요. 돈이면 다 된다고 법과 시스템을 망가뜨렸어요. 그 신화를 깨야 해요. 박근혜는 허수아비고요. 뭘 아나요. 드라마나 보고, 주사나 맞지. 이명박이 깔아 놓은 인프라에서 그대로 누리는 거죠.

앤서니 내 질문은 왜 이명박 하나 가지고 그렇게 물고 늘어지냐고.

주 이명박을 잡아야 민주주의와 법치주의를 바로 세울 수 있어요. 방산 비리도 잡고, 정치 검사도 잡고, 모피아도 잡고. 권력에 기생하는 부도덕하고 썩은 기득권들, 돈벌레 같은 나쁜 놈들을 다 잡을 수 있어요.

앤서니 아니야, 개 잡는다고 모피아 못 잡아.

주 일단 거두를 잡아야죠. 부도덕한 이 땅의 메인스트림을 바꿔야 해요. 그래야 나라가 제대로 가요.

앤서니 강산이 변하고 그 자식들 죽을 때까지도 안 변할 거다. 그래서 내가 해외로 나가려는 거야.

헌법재판소의 박근혜 탄핵심판 결정문에 김이수, 이진성 재판관의 한 줄짜리 보충 의견이 담겨 있다.

"국가의 제1 임무는 개인의 생명과 안전을 보장하는 일이다."

국가의 본질은 국민의 삶을 돌보는 것이여야 한다. 그런데 이명박은 국가를 사익 추구를 위한 도구로 사용했다. 이명박의 정치는 국가적으로는 재난이었다. 이명박의 정치는 사실 정치가 아니다. 그의 행위는 정확히 정치를 죽이는 것이었다. 제대로 된 국가를 세우기 위해서 이명박을 단죄해야 한다. 내 생각이다.

앤서니 이명박은 BBK부터 얘기해야지. 근데 그것도 다 졌잖아?

주 이명박이 대통령이니까 검찰이 아무것도 안 한 거죠. 다 봐줬죠. 잡으려고 했으면 다 잡았죠. 이명박에게는 검찰과 법원도 고개를 조아리고 다 정리해줘요. 이명박에게는 법도 제도도 소용없다는 점 때문에 더 화가 나요.

앤서니 말도 안 되는 얘기야. 내가 눈으로 본 게 몇 개인데. 옵셔널벤처스 투자자들이 미국 가서 이명박한테 소송 걸었잖아. 그거 보면 몰라? 이명박이 전혀 관계가 없으면 어떻게 손해배상 하라고 소송을 해? 미국 법원이 배상하라고 판결한 손해배상 판결문을 보면, 투자자들에게 돈을 토해내라고 나와 있어. 돈 거래가 하나도 없는데, 집어먹은 돈이 하나도 없는데 어떻게 돈을 토해내라고 나올 수가 있어? 그 다음에

4대강 사업에서 뭐 몇 조를 먹었다며.

주 22조요.

앤서니 왜 증거가 없어? 갑자기 뭐 돈이 쓰윽 없어질 수는 없잖아. 증거를 찾아야지. 가르쳐수는 사람이 없으면 이런 선은 증거 찾기 힘들지. 근데 뭐 우리나라에 나 같은 사람이 어딘가 또 있겠지.

나는 이명박이 그렇게 좋아하고 사랑하는 돈을 뺏고 싶다. 이명박의 돈에 대한 수사가 시작될 수밖에 없는 그런 기사를 쓰고 싶다. 평생의 소원이다. 이거 하나만 쓰면 기자를 그만두어야지. 그러고 나서 뭐 할지는 생각해보지 않았다.

앤서니 뭐가 불만인데, 또?

주 아니, 졸려서요.

앤서니 내가 더 이상 뭘 더 어떻게 해줘.

주 잘할게요. 잘 찾아올게요. 도와주세요.

앤서니 찾아올 수 있을 것 같진 않은데, 해보세요.

주 잘 찾아올게요. 제가 농협에서 캐나다 자료도 다 구해왔잖아요. 근데 개네들이 캐나다 서류를 너무 없어서 별로 없어요.

앤서니 내가 더 많이 가지고 있을 거야.

주 이상하게 캐나다 자료만 없대요. 왜 그러지?

앤서니 그런 게 어떻게 없어질 수가 있어. 다 없앴잖아. 은행 전산 기록도. 다 이명박 때문이야.

주 그러게요. 다른 자료는 있는데 그거만 없대요.

2011년 농협 전산망이 마비되는 사고가 있었다. 은행 역사상 초유의 일이었다. 기록을 지웠다는 둥, 일부러 전산망을 껐다는 둥 말이 많았다. 대규모 송금이 있었다는, 이명박의 돈이 빠져나간 행방을 지웠다는 소문이 농협 주변에 무성했다. 얼마 후 수사에 나섰던 검찰은 "농협 전산망 마비 사고는 북한의 소행으로 추정된다"라고 발표했다. 한 치의 예상도 빗나가지 않았다. 북한 없으면 어쩌려고 했는지…… 없애고 지워도, 찾으러 가야 한다. 전진해야 한다.

앤서니 난 박근혜는 맨날 무슨 생각을 하는지 모르겠어. 그렇지 않아요? 생각이 없는 건지, 포커페이스인지 모르겠어요?

주 생각은 없고요. 포커페이스는 보톡스 때문이에요. 박근혜 주사 놓는 의사 잘 아는데 소개시켜 줄까요? 박근혜 침놓는 사람이라도? 출장도 나와요.

앤서니는 절친인 김제동 동네에 살았다. 서초구 서래마을. 제동이랑 차 마시다 앤서니 전화가 와서 달려간 게 한두 번이 아니었다. 앤서니와 서래마을 후미진 곳에서 만나다가 제동이를 만난 적도 여러 차례다.

"아직도 안 주냐?"

"응. 그렇게 공을 들여도 꿈쩍도 안 한다."

"이 정도 했으면 줘야 하는 거 아니냐?"

"어렵다."

"주진우 참 힘들게 산다. 데려와봐, 죽여버릴 테니. 웃겨서."

"텔레비전에 나가서 사람들이나 좀 웃겨라."

"정말 잘할 수 있는데. 안 불러줘."

"그렇지."

앤서니 뭘 하는지 알고 시작한 거야?

주 잘 몰라요. 사실.

앤서니 그렇게 하면 멀쩡할 거 같으세요?

주 괜찮아요. 저 멀쩡해요. 아직 살아 있잖아요.

앤서니 그렇게 큰 돈이 걸려 있는데 가만히 있을까? 내가 이야기했
잖아, 저수지에서 발견될 수도 있다고. 내 주위에서 걱정해.
주진우하고 거리를 두라고.

주 당연히 그러겠죠.

앤서니 그쪽 좀 수법이 잔인하잖아. 저수지 아니면 산에서 죽어. 근
데 다 자살했대. 참, 인터뷰 해봤어?

주 죽은 박 아무개 씨 와이프요? 죽을 이유가 없대요. 집안도

화목하고, 아이들도 잘 크고. 멀쩡하게 퇴근해서 집에 잘 들어왔고, 아침에 출근했대요. 평소처럼.

앤서니 출근길에 저수지에서 죽었어? 그 사람이 연루된 게 선박편 드야. 2천억 말아 먹었다고 말단이 목숨으로 갚아야 한다고? 내 개인적인 의견은 '이명박, 그 사람이 감옥에 가야 됩니다'야.

주 그래서 반성하라고 좀 던져주자고요, 우리가.

앤서니 뭘?

주 이명박 계좌를요. 이명박이 대통령이 된 이유가 이거였다고.

앤서니 죽는다니깐. 이 인간아.

농협에서 해외 대출을 담당했던 사람이 저수지에서 발견됐다. 죽은 박 아무개 씨는 부동산 투자 담당자 주호랑(가명)과 함께 특별 채용된 사람이었다. 내가 쫓는 캐나다 노스욕 부동산 사기사건의 실체를 밝혀줄 핵심 인물이었다. 농협에서는 이명박의 인맥으로 불렸다고 한다. 그런데 출근하려고 집을 나섰다가 갑자기 숨졌다.

앤서니 잘 생각하고 해야 돼.

주 앤서니님, 조금만 도와주세요. '내가 잘했구나'라는 생각이 들 거예요.

앤서니 내가 이 나라에서 쫓겨나는 꼴을 보려고 하지.

주 아니에요. 저, 잘할게요.

앤서니 뭐, 맘대로 하세요. 그래서 나한테 원하시는 거는 다 받으셨어요?

수 아니, 밀었죠. 계좌를 주셔야죠. 또 오겠습니다.

앤서니 또 와서 뭐 하려고? 할 게 없잖아. 다 했어.

주 우리가 뭐 할 게 있나요? 그냥 얼굴 보러 올게요.

앤서니 도와드리고 싶은데, 한계가 있어요.

주 의원님, 일어나세요. 집에 가서 주무세요.

새벽 2시가 넘었다. 앤서니에게서 걱정이 쏟아진다. 나는 잠이 쏟아진다. 옆에 있는 이종걸 의원은 잠드신 지 오래다. 이제는 헤어질 시간이다. 우리의 비밀 회동에 이 의원이 여러 차례 동석했다. 이 의원이 민주당 원내대표 시절, 금감원과 농협에 진실을 밝히라고 요구했다. 하지만 농협과 금감원은 중진 국회의원이자 제1야당 원내대표의 말에도 전혀 움직이지 않았다.

앤서니는 굉장히 자존심이 센 사람이었다.

정의롭고. 그래서 부정을 보고 참지 못했다. 사기를 당했다는 농협은 내부 절차에 따라 조사에 나섰다. 이 과정에 합류한 앤서니는 자신의 외국 인맥을 이용해 진실에 빠르게 다가갔다. 앤서니는 해외 유명 로펌 출신으로 미국과 일본에서도 알아주는 실력자다. 그는 얼마 지나지 않아, 그 돈이 캐나다에서 케이맨제도로 갔고, 비자금 저수지에 담겨 있다는 것을 확인했다. 저수지의 규모가 수조 원대에 이른다고 했다.

하지만 사기를 당했다는 농협은 사태를 파악하는 걸 원치 않았다. 돈을 찾는 것도. 그래서 앤서니의 감사를 막고 위협했다. 앤서니는 농민의 돈을 찾아주고 싶은 생각밖에 없었다고 했다. 그래서 사방으로 뛰어다녔지만 자신을 가로막고, 음해하는 소리만 들었다고 한다. 결국, 손을 떼고 외국으로 건너가려고 할 때쯤 나를 만났다. 그런데 결정적인 부분에서는 입을 닫았다. 변호사 윤리 문제로 말할 수 없다고 했다.

나는 다른 길을 뚫기로 했다.

취재망을 다각도로 가동했다. 농협의 캐나다 토론토 노스욕 사기 대출 사건을 파기 시작했다.

농협에서 생긴 일

농협이 캐나다 토론토에서 210억 원을 대출 사기당한 사건.

그 내막은 이렇다. 농협이 캐나다에서 부동산 개발을 한다는 회사에 210억 원을 대출해주었다. 생긴 지 하루 된 신생 한국 회사를 통해. 당연히 실적이 없었다. 담보도 없고 보증도 없었다. 농협 돈 210억 원을 실질적으로 대출받은 사람은 캐나다 교포 이요섭(46·조셉 리, 센트러스트 대표). 그는 캐나다 토론토 한인 밀집 지역인 노스욕에 주상복합 빌딩을 짓겠다고 발표했다. 공사비만 1천5백억 원이 넘는 대형 프로젝트였다. 캐나다 현지 언론도 크게 보도했다. 하지만 곧 이 사업은 무산됐다. 그리고 캐나다 역사상 가장 큰 부동산 사기 사건이 되었다.

농민에게는 까다롭기만 한 농협이 캐나다 청년 사업가들에게는 그렇게도 친절했다. 빛의 속도로 210억 원을 빌려주었다. 농사도 안 짓는데. 물론 농협은 이 돈을 곧바로 날렸다. 한 푼도 남김없이. 그리고 돈을 찾지 않겠다고 한다. 이상하지 않은가?

좀더 자세히 들어가 보자.

해외에서 벌어진 단순한 부동산 사기사건으로 보기에는 수상한 점이 한두 가지가 아니었다. 이 프로젝트는 농협이 210억 원을 대출해주면서 시작되었다. 이는 국내 은행이 캐나다 부동산 개발 사업에 대출한 첫 번째 사업이었다. 또 농협의 첫 번째 해외 부동산 개발 사업이었다. 농협 해외 대출 담당자가 입사해서 불과 며칠 만에 벌인 첫 번째 사업이기도 했다.

대출 과정부터 의문이다. 대출을 받은 회사는 캐나다 회사인 센트러스트의 국내 법인 ㈜씨티지케이였다. 농협이 씨티지케이에 대출을 승인한 날은 2008년 8월 28일. 그런데 이 회사 설립일이 대출 하루 전인 2008년 8월 27일이었다. 10여 일 뒤인 9월 9일 210억 원 대출이 완료된다. 씨티지케이 대표는 대출 당시 28세였던 박석배. 직업은 무직. 변변한 경력도 없었다.

농협은 대출을 해주고 난 다음인 9월 15일이 되어서야 캐나다 토론토에 실사단을 파견했다. 설정한 담보도 부실했다. 그런데 농협은 허약한 담보마저 풀어주었다. 농협은 사기를 당했다고 주장하지만. 세상에 돈도 돌려받지 않았는데 담보를 풀어주는 은행이 어디 있는가?

센트러스트에 자문을 해준 이방동 변호사는 토론토 사무실을 찾아간 나에게 이렇게 얘기했다.

"농협이 담보를 풀어달라고 요청하면서 서류를 보냈다. 내가 '은행이 담보를 푸시면 어떻게 하느냐'고 물었더니 오히려 '괜찮다'고 했다."

그러고 나서 덧붙였다.

"변호사 하면서 은행이 대출금을 회수하지도 않고 담보를 그냥 풀어주는 경우는 처음 봤다. 너무 황당해서 변호사 보험회사에 보고하고 증거를 저장했다."

담보가 사라지자 농협은 센트러스트에 근저당권 4순위 설정을 요청했다. 은행이 담보를 잡는데 4순위라는 이야기를 들어본 적 있는가? 농협의 한 고위 간부는 "은행이 4순위 설정을 요청했다는 것은 25년 은행원 생활 동안 들어본 적이 없다. 왜 이렇게 대출이 엉망으로 진행됐는지 이해가 되지 않는다"라고 말했다. 한 전직 은행장은 "은행 시스템상으로 이상하고 이례적인 대출이다. 외압이 없으면 불가능한 일이 분명하다"라고 말했다.

어떤 은행원에게 물어봐도 이런 경우는 평생 처음 봤다고 했다. 농협 본점의 대출 담당 직원도, 외환은행 서대문 지점 직원도 그럴 순 없다고 했다. 스위스 은행원도, 케이맨제도 은행원도 그랬다. 은행은 돈이 필요 없다는 것을 증명할 때만 돈을 빌려주는 곳이다. 돈 1백만 원 빌린다고 은행에 가보라. 간첩보다 더 의심을 받는다. 온갖 서류와 도장 그리고 잔심부름으로 사람을 질식사시키려 한다.

대학 1학년 때 병원비로 2천만 원이 필요했다. 그런데 농협에서 빌릴 수 있는 돈은 2백만 원. 농부였던 우리 아버지는 농협에서 2백만 원 빌리려고 몇 날 며칠을 뛰어 다니셨다. 서류가 모자란다고 하고, 도장을 받아 오라고 하고……. 나이 어린 농협 주사 아저씨에게 아버지는 온갖 괄시를 당하셨다. 그 모습을 지켜보던 나도 괴로웠다. 농민에게는 그렇게 까다롭던 농협이었다.

나는 오늘 아침에도 카드값 3만 4천 원이 연체됐다고 농협으로부터 독촉 전화를 받았다. 어제 저녁에도. 나에게는, 우리 농부들에게는 그렇게 야박하게 굴더니……. 농민 돈을 함부로 썼다. 그 돈으로 사기를 쳤다. 농협이.

노스욕 부동산 개발 사업은 땅을 파기도 전에 망가졌다. 시행사 센트러스트는 건물을 짓는 데 써야 할 돈을 다 빼돌렸다. 일반 투자자들의 분양대금까지 가로챘다. 이요섭의 사업 파트너 조미래 변호사는 자신이 위탁 관리하던 투자자 145명의 계약금(Deposit)을 이요섭에게 넘겨줬다. 이 행위로 조미래 변호사는 2014년 경찰에 전격 체포됐다. 변호사 자격도 박탈됐다. 조미래 변호사는 사기·배임 등 혐의로 5백 건이 넘는 소송을 당해 현재 재판 중이다.

농협은 부동산 사기사건으로 대출금 210억 원을 날렸다.

전액 손실 처리됐다. 가장 큰 의문은 여기에서 발생한다. 농협이 돈을 찾으려 하지 않는다. 토론토 이야기만 하면 농협은 쉬쉬한다.

2014년 7월 금융감독원 감사가 있기 전까지 감사 부서에서 조사나 사고 처리가 이뤄지지 않았다. 2014년 8월에야 농협은 '투자금 회수 및 채권소멸 시효 중단 관련 자문'을 얻겠다며 대형 로펌과 법률자문 계약을 체결했다. 이 조사 과정을 잘 아는 한 관계자는 "자금 흐름을 조사해보니 농협이 대출해준 돈이 페이퍼 컴퍼니를 통해 케이맨제도로 빠져나간 흔적이 나왔다. 농협이 캐나다 검찰에 고소하면 돈을 쉽게 찾을 수 있었지만 농협은 더 진행하지 않았다"라고 말했다. 이 사건을 담당하고 있는 토론토 경찰서 32지구 사기전담반 크리스 데버렉스 형사는 "한국의 은행으로부터 어떤 고소나 고발 신고를 접수받지 못했다. 우리는 분양대금을 빼돌린 사기사건만 수사하고 있다"라고 말했다.

2014년 농협에 찾아가 물었다.

"왜 돈을 회수하려고 하지 않으세요?"

농협의 고위 임원은 "해외에서 벌어진 일이어서 소송을 해도 실익이 없다"라고 말했다.

2015년 다시 찾아가서 물었다.

"왜 고소하지 않으세요?"

농협의 다른 고위 임원은 "은행이 사업을 하다 보면 실패할 수도 있는 것 아니냐"라고 해명했다. 내가 하도 들쑤시고 다녀서인지 농협은 관련자를 징계했다. 하지만 시늉뿐이었다. 2008년에 일어난 일이라 대부분의 혐의는 공소시효가 지나버렸다. 2015년 하반기까지도 이요섭은 한국·캐나다·홍콩 등지를 자유롭게 오고 갔다.

2016년 7월 내가 다시 농협을 찾아갔다.

"왜 회수를 위한 노력도 고소도 하지 않으세요?"

그러자 농협 임원은 "작년에 주 기자가 취재를 세게 해서 이요섭이를 형사 고소했다"라고 해명했다. 그런데 알아보니 농협은 끝내 이요섭을 고소하지 않았다.

토론토에서 만난, 이요섭이 다니던 교회의 목사는 "요섭이는 타이어 판매점을 했고 이런저런 무역 일을 했다. 열심히 했지만 신통치는 않았다. 건설 쪽에는 문외한이었지만 한국의 힘 있는 사람의 아들이 뒤를 봐주어서 큰 사업을 시작한다고 했다"라고 전했다. 농협 안팎에서는 이상한 대출과 더 이상한 대출 처리 과정에 이명박과 이○○의 이름이 오르내리고 있다.

농협 한 고위 관계자의 말이다.

"이명박 정권 초기에 이○○이 농협 4층에 왔다고 해요. 대통령 조카가 왔다고 구경 나온 직원들도 있었어요. 그만큼 인상적인 일이었어요. 이○○은 해외 투자 담당 임원과 이야기를 하고 돌아갔다고 해요."

농협 관련 뉴스의 한 토막이다.

"전 정권 실세로 통하던 '영포라인'이 다시 주목받고 있습니다. 포스코 그룹이 부실계열사를 인수합병한 배경에 영포라인의 개입이 있었으리라는 것이 의혹의 핵심입니다. 농협중앙회 최원병 회장은 이명박 대통령의 고교 후배로 2007년 회장에 선출된 이후 2011년 연임에 성공했고 지난 정권의 실세들과 친분이 두텁다고 알려져 있습니다."

영포라인은 이명박 정부에서 잘 나가던 경북 포항과 영일만 일대의 지역 인사들을 일컫는다. 최원병 전 농협중앙회장을 비롯해 영포라인이 주축이 된 '천년회'가 농협의 주요 요직을 장악하며 농협을 지배했다. 천년회는 농협중앙회장 선거 때 최 회장을 지원한 경주 출신 22명을 중심으로 결성된 모임이다. 천 년간 정권을 놓지 말고, 농협을 지배하자는 뜻에서 천년회라는 사조직을 만들었다고 한다. 최원병 농협중앙회장은 처음 당선된 2007년 때마침 고교 선배인 이명박이 대통령에 오르면서 역대 가장 힘센 농협중앙회장이란 말을 들었다. 농협에서 해외 부동산 개발 사업의 책임자인 진 아무개 씨도 천년회 핵심 인물이다. 천년회 멤버들은 일부 금융권 인사들을 해외 투자와 관련된 부서에 채용했고, 주호랑과 숨진 박 아무개 씨도 이때 농협에 들어왔다. 이들은 농협에 막대한 손실을 끼치는 데 큰 기여를 했다. 하지만 문제를 삼는 사람도, 책임을 진 사람도 없다. 해외 대출에 관여했던 박 아무개 씨가 저수지에서 발견되었을 뿐이다.

2011년 4월12일 농협 전산망이 다운됐다.

자료가 대규모로 손상되어 18일 만에야 완전 정상화되었다는 농협 디도스 사건.

이렇게 뉴스가 나왔다.

"검찰은 농협전산망 마비 사태가 북한의 소행이라고 잠정 결론을 내렸습니다."

그런데 이 사건을 조사했던 수사 관계자들은 북한의 소행일 리가 없다고 말한다.

"농협 내부에서 자체적으로 시스템을 닫은 거 같다. 무언가를 지우고 싶었던 것 같다."

그렇다면 농협이 은행 전산망을 닫아야만 했던 이유가 무엇일까? 혹시 해외 대출 사건과 관련되어 있을까? 이명박이 관련되어 있는 건 아닐까?

MB 로드

이명박이 돈을 해 드시는 패턴이 있다.

이는 내가 취재한 내용을 바탕으로 추적한 MB로드의 패턴이다.

1단계. 회사를 하나 만든다. 아니면 인수한다. 이 회사의 대표는 대부분 관련 경력이 전혀 없는 바지 사장이다. 그리고 그 회사에 돈벼락이 떨어진다. 거액을 대출을 해주거나 천문학적인 액수로 그 회사를 사준다. 1백억 원짜리 회사를 2백억 원에 사주는 수준이 아니다. 1조 원 정도에 사준다. 회사 장부를 조작하는 것쯤이야 대수인가. 외국 컨설팅 회사를 이용해 보고서를 받으면 된다. 돈 주면 된다.

2단계. 돈벼락 맞은 회사의 돈이 쓸데없이 돌고, 돌고 또 돈다. 소유주도 헷갈릴 정도로 회사를 여러 개 만든다. 돈이 사라지고 돈 받은 회사가 사라진다. 돈이 거쳐 간 은행 지점이 사라지고, 돈 준 회사 부서가 사라진다. 부서장은 승진해서 사라진다. 말단 담당자는 이 세상에서 사라진다. 묻고 싶어도 물을 데가 없다.

3단계. 국가기관이나 은행은 그 돈을 찾지 않는다. 진실을 묻지도 따지지도 않는다. 진실도 사라진다.

큰돈이 사라졌는데 아무도 모르고, 아무도 찾지 않고, 아무도 문제 삼지 않는다. 그 돈 이야기를 하면 경계하고, 돈 이야기를 다시 꺼내면 빨갱이라고 한다.

농협의 캐나다 노스욕 사기 대출 사건은 이명박 주변 선수들 사이에서는 특별할 것 없는 평범한 사건이다. 규모로 보면 아주 아주 작은 건이다. 하지만 이건 이명박 주변에서 돈을 빼먹는 그림을 전형적으로 보여주는 사건이다. 그들만의 공식이 그대로 적용된. 자원외교든, 해외 금융 비리든, 투자 사기든 모두 이런 패턴으로 움직였다.

난 캐나다에 주목한다.

이명박 저수지의 핵심은 싱가포르와 캐나다이다. 이명박 정부에서 크게 구멍이 난 것처럼 돈이 사라진 사건들이 캐나다에서 일어났다. 원세훈이 4년 2개월 동안 국정원장을 지내면서 미국을 수차례 다녔다. 미국에서는 수행원을 따돌리고 캐나다에 갔다고 한다. 단순히 정보기관 수장으로 간 것만은 아니다. 돈 때문이었을까? 사랑 때문은 아니었으리라.

나랏돈 1조 3천억 원을 날린 쿠르드 유전 개발 사업을 총괄했던 하찬호 이라크 대사가 캐나다로 부임했다. 그는 캐나다 대사에 부임하고 나서도 자원외교에 올인했다. 캐나다 대사관의 서류들을 보면서 이게 대사가 할 일인지, 에너지 회사 부장이 할 일인지 의문이 생길 정도였다.

단군 이래 최내 사기사건 자원외교. 자원외교에서 나랏돈을 특별히 많이 허비한 곳도 캐나다였다. 2조 원이 넘는 손실을 낸, 그러니까 2조 원 넘게 빼먹은 정유회사 하베스트. 1조 1,403억 원 손실을 낸 캐나다 셰일가스 사업. 캐나다 회사로부터 사들인 멕시코 볼레오 동광 사업은 이미 도산 상태여서 투자금 1조 3,863억 원을 날린 상태다. 여기서 끝이 아니다. 지급 보증, 담보 등 각종 비용이 더 들어가야 한다. 손실은 2조 5,492억 원까지 늘어날 전망이다. 마다가스카르의 암바토비 동광 사업도 실제 돈 거래는 캐나다에서 이루어졌다.

칠레 산토도밍고 광산 사업 건을 자세히 들여다보자. 광물자원공사가 2011년 칠레 산토도밍고에 있는 광산사업권 지분을 산다. 캐나다 회사로부터. 5백억 원 이상의 웃돈을 주고. 칠레 프로젝트인데 캐나다에 있는 회사가 컨설팅을 했다. 이 거래에 컨설팅을 한 RCI캐피탈 대표는 존 박. 그는 캐나다의 이민 브로커다. 회사 M&A와 컨설팅 일에는 경험이 없다. 그런 그가 이 컨설팅 건으로 받은 중계 수수료는 최소 16억 원.

정부는 수천억 원이 넘는 돈을 이 광산에 쏟아부었다. 지금까지 회수한 금액은 0원. 하지만 아무도 이야기하지 않는다. 누구도 문제

삼지 않는다. 책임지지도 않는다. 광물자원공사는 거래가 잘못됐다고 소송을 안 한다. 컨설팅이 잘못됐다고 소송을 안 한다. 그래서 전혀 수사가 이루어지지 않았다. 세금이 허공으로 날아갔는데도…….

이명박의 '믿을맨'이 캐나다 금융 전문가일 가능성이 높다.

이명박 주변에서 일어나는 가장 평범하고 심플한 패턴이 캐나다에서 집중적으로 나타난다. 캐나다 노스욕 농협 대출 사건은 소름 끼칠 만큼 이명박의 평소 수법과 정확하게 일치한다.

비자금의 항구
토론토로

토론토의 첫날밤

팀을 꾸려 캐나다 토론토로 향했다.

캐나다에서 결정적인 단서를 잡고, 또 그 단서로 이명박까지 잡기는 쉽지 않은 일이다. 관련자들이 진실을 말해주지도 않을 것이다. 그러나 내가 이 사건을 쫓으면서 느꼈던 분노를 다른 이들도 느낄 수 있으리라는 생각에 다큐멘터리로 남겨 놓고 싶었다. 이번 취재에는 추적하는 팀, 영상으로 기록하는 팀이 함께 움직였다.

2016년 7월 7일 토론토 피어슨 국제공항에 도착했다. 현지 시간 밤 12시 36분. 새벽 1시 반에 첫 취재 약속을 잡았다. 첫 취재원은 토론토 노스욕 사기사건을 심층 취재했던 토론토 한국일보 정재호 기자. 한밤중인데 마다하지 않고 시간을 내주었다.

만나자마자 우리는 같은 과라는 걸 알아차렸다. 나와 생각이 비슷한 분이어서 이야기가 쉽게 풀렸다. 새벽 1시 반에 만나는 게 정상은 아니지 않은가. 내게 묻고 싶은 게 많아서 공항으로 나오려 했다고 한다. 비행기에서 내리자마자 물어보려고. 그런데 예의가 아닌 것 같아서 새벽 1시 반에 만나자고 했단다. 완전히 이해한다. 비행기에서 내리자마자 질문을 퍼붓기는 예의가 아닌 듯하고 그렇다고 다음 날 아침까지는 기다릴 수 없는 마음. 겨우 한 시간 반 늦춘 게 무슨 차이냐고? 한밤인 건 마찬가지 아니냐고? 우리 과인 사람에게는 엄청난 차이가 있다. 대단한 배려다. 진심이 느껴졌다.

보자마자 반가웠다. 에둘러 갈 필요도 없었다. 본론으로 쑥 들어갔다. 서로 이야기보따리를 풀기 바빴다.

> **주** 새벽 1시 반이 괜찮다고 만나는 사람들이 제정신은 아니죠.
>
> **정재호** 정상은 아니죠. 근데 궁금한 건 참을 수 없으니까.
>
> **주** 시간 내주셔서 감사합니다. 노스욕 사기사건이 캐나다 한인 커뮤니티에서는 가장 큰 사기사건이라면서요.
>
> **정재호** 네. 캐나다에서 가장 큰 부동산 사기사건이에요. 이 동네에는 사기사건이 거의 없어요.
>
> **주** 한국에서도 돈을 빌리고 하나도 갚지 않았지만 이요섭은 자유롭게 돌아다니고 있어요. 좀 이상하죠?

정재호 많이 이상하죠. 돈을 넘겨준 조미래 변호사는 기소 건수가 501개 정도 되거든요. 그런데 돈을 받은 이요섭 씨에 대한 수사가 안 이뤄지고 있으니까요.

주 이요섭이 무슨 빽을 가졌는지 몰라도 캐나다 경찰이 안 부른 건 정말 이상한 일이에요. 경찰은 뭐라고 하나요?

정재호 아직 수사 중이라고 하죠. 진행하고 있는 사건은 공개할 수 없다는 입장이죠. 여기 경찰도 이요섭은 수사할 생각을 안 해요. 3년 동안. 그게 풀리지 않는 의문이에요.

주 사업을 하려고는 했습니까? 혹시 사업을 하려고도 안 한 건 아닙니까?

정재호 저도 그게 의심스러워요. 부지에 건물이 있어요. 그 건물까지 매입했어요. 그런데 콘도를 지으려면 당연히 건물을 부숴야 하는데 안 부쉈어요. 몇 년 동안. 부지는 나중에 론스타가 사서 싸게 팔았죠. 이요섭 씨는 그냥 길바닥에 천 불짜리를 뿌리고 다니는 수준이라는 얘기를 들었어요. 여자 친구에게 몇 천 불 씩 주고, 백 사주고. 호화로운 생활을 했더라고요.

주 이요섭 씨가 이전에 다른 사업을 했습니까?

정재호 아닌 걸로 알고 있어요. 갑자기 나타나서 투자자 모임을 크게 하고 이름을 알린 다음에 본격적으로 한 게 이 노스욕 센트리움 분양이에요.

주 첫 번째 사기네요, 이 사람?

정재호 사실상. 구체화된 건 첫 번째죠.

주 한국에서도 전혀 경력이 없는 분이셨어요. 센트리움을 분양한 센트러스트의 한국 법인 씨티지케이를 2008년에 설립합니다. 박석배 대표는 1989년생이었어요. 바지 사장을 세우는 것은 이명박 주변에서 쉽게 볼 수 있는 수법이죠.

정재호 스물여덟 살.

주 아무것도 없는 사람이었죠. 농협이 씨티지케이에 대출해줄 때 이요섭 회사인 센트러스트, 이요섭의 부인 그리고 대표로 세운 박석배가 연대 보증인으로 올라 있어요. 그리고 대출을 했으면 담보를 잡아야 할 거 아니에요? 담보가 없어요. 그래도 돈을 줘요. 210억을 그냥 줘요. 씨티지케이라는 회사가 설립된 건 8월 27일이고, 대출이 의결된 날은 8월 28일입니다. 하루 만에요.

정재호 그런 큰 금액은 시간이 오래 걸리지 않나요?

주 당연하죠. 그러고 나서 돈이 사라집니다. 그런데 농협이 돈을 받으려고 하지 않아요. 그냥 돈을 받지 말자, 그렇게 얘기해요. 그러다 돈을 빌려준 담당자 옆 사람은 의문의 죽음을 당하죠. 그리고 담당자는 계속 잘 지냈습니다. 제가 작년부터 맹렬히 취재하자 가장 가벼운 징계를 하나 받았습니다.

정재호 이상하네요. 많이.

주 농협 돈이 결국에는 케이맨제도에 있는 로열뱅크오브캐나다로 갔다는 게 농협 고위 관계자의 증언입니다. 그래서 농협이 소송을 하면 바로 찾을 수 있다고 얘기를 했는데 농협에서 소송을 안 합니다. 소송은 안 하고, 대신에 돈을 찾는 변호사한테 일을 못 하게 했어요. 좀 이상하죠?

정재호 많이 이상하죠.

둘이 정보를 나누다보면 '이상하다'가 라임처럼 따라 붙는다. 한국에서처럼 캐나다에서도 이상한 일이 벌어졌다. '이상하다' 세 번에 '굉장히 이상하다'가 한 번꼴로 나온다.

주 이요섭은 사건이 터지자마자 한국으로 갔습니까?

정재호 한국에 가 있는 상태에서 터진 걸로 알고 있어요.

주 양국이 공조 수사를 하면 잡을 수 있을 텐데요. 캐나다 경찰은 빽을 쓴다고 사람을 봐주지 않을 텐데.

정재호 2년 넘게 공조 수사 요청도 안 한다는 거는 좀 의문이죠.

주 토론토에 이명박이 온 적 있죠?

정재호 있죠. 한인회관에서 만찬도 하셨죠. 대통령 임기 말에.

주 한인 사회에 이명박과 친한 사람이 있다는 이야기 못 들어보셨어요?

정재호 못 들었어요. 그때 VIP 테이블에 조미래 변호사는 앉았는데…….

주 좀 알아봐주세요. 이명박 대통령이 로열뱅크오브캐나다하고 관계가 깊다는 이야기도 못 들어보셨어요?

정재호 못 들었습니다.

주 그래요? 노스욕 사건이 이명박 주변 사람들의 일이라는 얘기는 못 들어보셨어요?

정재호 그런 얘기는 없었죠.

주 이요섭이 이 프로젝트를 할 때, 그런 얘기 안 나왔습니까?

정재호 한국에 있는 큰손의 투자를 받은 사람이라는 소문은 많았죠. 한국에서 봐주는 사람이 있다고. 그게 이명박이라는 생각은 못 했던 거 같아요.

주 이명박의 조카가 이요섭을 데리고 농협에 왔다는 증언이 있어요. 그 이후에 대출이 됐다는.

정재호 오, 그랬구나.

주 이명박 얘기만 나오면, 로열뱅크오브캐나다 얘기만 나오면 무조건 가보고 있어요. 노스욕 건은 작지만 되게 명확해요. 지금 새벽 3시가 넘었는데 이렇게 둘이 만난 이유도 좀 이상해서잖아요.

정재호 이상하죠. 아직도 이상하고.

새벽 3시가 지났고, 다음 날 아침 일찍부터 일정이 있다. 조금만 이야기하자고 했는데, 질문이 쉽사리 끝나지 않았다.

정재호 한국에 그럴 빽이 있을 만한 인물이라고 생각 못 했어요.

주 빽이 없이는 답이 안 나와요.

정재호 그래도 대통령일 거라는 생각은 못 했죠. 저는 처음에 삼성인가 했어요. 삼성이 왔다 갔으니까. 삼성 아니면 동부인가? 이명박까지 연결됐을 거란 생각을 못 했죠.

주 자원외교도 큰 건은 다 이 동네에서 벌어졌잖아요.

정재호 그러니까요. 왜 계속하는지 모르겠어요.

주 이요섭, 교회 다니죠?

정재호 네. 그분 알려면 교회 가서야 할 텐데.

주 캐나다 대사가 임기 처음부터 끝까지 자원외교를 얼마나 했는지 보고서가 어마어마하게 많습니다.

정재호 하찬호 씨, 하찬호 대사. 이라크에서 오신 분.

주 네. 이라크에서 왔어요. 이라크에서 자원외교의 첫 사기극이 시작됐지요. 쿠르드 유전을 독점으로 개발하겠다며. 최규선이랑 크게 한 건 하시고 캐나다로 와요. 그리고 자원외교 큰 건이 다 캐나다에서 이뤄져요.

정재호 그때 이요섭이 하찬호 대사 라인이라고 소문이 자자했죠.

주 이요섭이 하찬호 라인이었다. 빙고.

정재호 소문이 있었죠. 이요섭을 정부에서도 봐줬다.

주 이제 우리 얘기를 모아 보면 조금 더 나가겠는데요. 새벽에 이렇게 만나는 거 너무 좋아, 나는. 너무 떨려.

이제 자야 하는데 아드레날린이 주체가 안 된다. 나의 비자금 투어를 돕겠다고 런던에서 날아온 크레디트스위스 뱅커도 잠을 이루지 못했다. 나보다 더 기자스럽고 탐정스러웠다.

"이상해요, 이거. 진짜 이상해. 은행이 4순위 채무 변제라는 소리는 들어본 적이 없어요. 은행은 언제나 1순위 아니면 안 하려고 해요. 어쩔 수 없으면 2순위 하되, 좋은 위치로 가게끔 협상하거든요. 은행 입장에서는 4순위면 돈을 포기하겠다는 거랑 똑같아요."

다음 날 정 기자가 전화를 걸어왔다. 토론토 총영사관에서 내가 온 것을 체크하고 있다고 했다. 토론토에 도착한 지 12시간도 안 됐는데. 영사가 내가 무엇을 하는지 궁금해 한다고 했다. 신기하다. 꼼꼼하다. 그런데, 그렇다면 제대로 쫓고 있다. 나는.

이상해서 왔습니다

환영받는 취재는 해본 적이 없다.

어디에서 초청받고 대접받는 취재, 한 번도 못 해봤다. 그래서 사진 기자들이 나랑 같이 취재를 가면 항상 고생했다. 욕먹고, 쫓겨나고, 협박당하고, 잠복해야 하고, 숨어야 하고……. 참, 어렵게 간다.

병아리 기자 시절, 국정원 요원들과 소위 말하는 17대 1로 맞장 뜬 적도 있었다. 경주에서 KAL기 폭파범 김현희를 추적할 때였다. 미행과 잠복 끝에 시댁에 다니러 온 김현희를 찾았다. 기자라며 다가갔다. 그러자 보호하고 있던 국정원 여직원이 김현희를 빼돌렸다. 여직원이 급히 전화를 걸자 봉고차가 와서 김현희를 태우고 내달렸다. 숨 막히는 도로 추격전이었다. 역주행에 역주행. 마치 영화 〈분노의 질주〉 같았다. 근데 나 이런 거 좀 좋아한다. 바로 따라 붙었다. 경주 시내를 질주하며 위험천만한 장면을 계속 연출했다. 그래도 나를 따돌리지 못하자 김현희를 태운 차는 경주 경찰서로 들어갔다.

경찰서는 고향과도 같은 곳. 당당하게 따라 들어갔다. 검은 양복을 입은 수십 명이 나를 마중했다. 국정원 요원들과 경찰이었다.

대장으로 보이는 사람이 억센 어투로 반말을 내뱉었다.

"당신 뭐야?"

바로 대답했다.

"너는 뭐냐?"

"뭐하는 새끼야?"

"기자다. 너는 뭐하는 새끼냐."

그리고 육박전이 벌어졌다. 싸움의 결과는 어땠냐고? 치고받고 입술 터지고……, 티셔츠 찢어지고, 카메라 필름 뺏기고.

그래도 가야 한다.

가서 물어야 한다. 기자는. 국민을 대신해 곤란한 질문을 계속해야 한다. 나는 회사가 아니라 국민들로부터 월급 받는 사람이라고 생각한다. 이명박한테, 박근혜한테 자꾸 묻는 이유다. "회사 어때요"라고 묻는 사람들이 많다. 나는 "저와는 상관없습니다"라고 말한다. 사장님 앞에서도 이렇게 대답했다. 사람들은 웃는데, 난 진심이다.

캐나다에서 나를 반긴 건 정재호 기자가 유일했다. 그다음부터 나는 어딜 가든 초대받지 않은 손님이었다. 대부분 불쾌해했다. 진실을 말하는 이도 없었다. 그래도 물었다.

사기사건 주범의 왼팔, 프랑소와 문

캐나다 취재 첫날, 첫 취재는 프랑소와 문.

주택 자금 대출을 중개하는 모기지 브로커인 그는 이요섭의 센트리움 개발 사업 동업자였다. 그는 이요섭이 한국에 가 있는 동안 센트러스트 대표 역할을 했다. 이요섭의 왼팔, 적어도 넘버 4안에 들어가는 중요한 위치였다. 프랑소와가 진실을 말하지 않으리라는 건 이미 알고 있었지만 그의 말 중간 중간에서 구멍을 찾을 수 있었다.

카메라를 들고 불쑥 들이닥친 우리를 대하는 프랑소와 문은 노런했다.

준비를 한 사람 같다는 느낌까지 들었다. 그는 어떻게 자기 존재를 알았냐고 여러 번 물었다. 자기 이름은 어느 페이퍼에도 남아 있지 않다는 말을 분명하게 했다.

> **주** 프랑소와 문 선생님이시죠?
>
> **프랑소와** 네.
>
> **주** 센트리움 개발 건 때문에 몇 가지 여쭤보려고 왔습니다. 죄송합니다. 불쑥 와 가지고..
>
> **프랑소와** 일단 왜 이런 걸 취재를 하시는지 좀 말씀해주세요.

기자에게 자꾸 배경을 묻는다. 궁금해서라고 답해도 또 배경을 묻는다. 익명으로 처리해준다는 조건으로 자리에서 이야기를 들을 수 있었다. 프랑소와는 그의 가명이다.

> **주** 이 일에 대해 가장 잘 아는 분이잖아요. 이요섭 씨, 원래 잘 알던 사이세요?
>
> **프랑소와** 이 일을 통해 만났어요. 이 분은 경험도 없죠, 돈도 없죠.
>
> **주** 그런데 이요섭은 왜 수사를 안 합니까?
>
> **프랑소와** 그걸 왜 저한테 물어보세요? 제가 경찰이 아닌데. 저도 경찰서에 한 번 갔다 왔어요. 오라 그래서. 저도 똑같은 질문

했어요. 메인 가이(main guy)가 누구냐? 이요섭이다. 어중
이떠중이들 부르지 말고 메인 가이 불러서 조사하면 다 나
올 거 아니냐. 지금까지도 수사 중인 걸로 알고 있어요.

주 너무 오래 걸리죠?

프랑소와 오래 걸리죠. 제가 경찰서에 갔던 게 작년일 걸요. 1년 정
도 됐어요.

주 이요섭 씨와 박석배 씨는 자기네 비즈니스를 누가 봐준다고
합니까? 한국에서 돈을 가져온다면서 그런 얘기를 했을 거
아니에요. 돈이 왔잖아요.

프랑소와 대단하신 거죠. 저도 한 번 해보고 싶은데 안 돼요.

프랑소와 문은 '뒤에서 누가 봐주었으면 사업이 망했겠냐'며 부
인하면서도 금융권이 움직이는 데 큰 힘이 작용했다고 애매하게 말
한다. 이럴 때 나는 에두르지 않고 곧장 본론으로 들어간다.

주 이요섭 씨가 농협에 대출 때문에 들어갔을 때 같이 갔다는
사람이 있어요. 실세의 아들이에요.

프랑소와 아, 그래요?

주 그 얘기 안 들으셨어요? 농협에서 봤다는 사람이 있어요.

프랑소와 저도 굉장히 의아했던 게, 이런 게 되려면 정부 쪽이라든
가 정권 쪽의 실세를 확 끌어오면 될 수도 있잖아요.

주 제가 캐나다에 취재하러 온 이유가요. 대출해준 상황이 말이 안 되고, 돈이 사기로 없어진 후 진행 상황도 말이 안 돼요. 조셉을 캐나다에서 안 잡고, 한국에서도 안 잡고. 사기인데 안 잡아요. 말이 안 되지 않습니까?

프랑소와 말이 안 되죠.

주 조셉 씨하고 지금 연락하시죠?

프랑소와 안 돼요. 사라졌습니다.

프랑소와 문은 사건이 터진 후 이요섭이 캐나다에 오지 않았다는 얘기를 길게, 아주 길게 한다. 프랑소와 문은 이 프로젝트 전에는 이요섭을 몰랐다고 했는데 그의 성격상 안 올 거 같단다. '오지 않는 성격'이라는 것은 뭘까?

주 케이맨제도에 돈을 숨겨 놨다는 이야기를 들으셨죠?

프랑소와 그러면 다 나오죠. 여기 경찰이 수사해서 다 나왔겠죠. 차명으로 하지 않으면.

돈을 숨기려고 케이맨제도로 옮기는데 당연히 차명으로 한다는 것을 프랑소와 문은 모르는 걸까? 아니면 내가 바보로 보인 걸까? 시차 때문에 거의 밤을 새워 내 눈이 풀렸나? 자세를 바로잡고 눈에 힘을 주고 물었다.

주 이 프로젝트를 하려고 페이퍼 컴퍼니를 몇 개 세웠죠?

프랑소와 많이요. 여기는 페이퍼 컴퍼니가 굉장히 많아요. 땅마다 지주회사가 다 따로 있어요. 넘버 컴퍼니가. 여기서는 워낙 소송 많이 걸리니까 책임을 안 지려고.

주 대출 받은 뒤 만든 넘버 컴퍼니를 알 수 없을까요?

프랑소와 이름이요? 경찰도 알고 다 아는데.

주 그것만 좀 부탁드릴게요.

프랑소와 그거는 아셔봐야 별 도움도 안 될 거예요.

주 그래도 신기하니까요. 그것만 하나 받아갈게요. 대신에 이름은 확실히 가려드릴게요.

Project Companies
1772521 Ontario Inc.
1772522 Ontario Inc.
1772523 Ontario Inc.

Land Holding Companies
1745932 Ontario Inc.
1762939 Ontario Inc.
1764204 Ontario Inc.
1764205 Ontario Inc.

페이퍼 컴퍼니 몇 개를 받았다. 이 페이퍼 컴퍼니의 내역을 조사

하면 자금의 흐름이 잡힐 것이다. 돌아가겠다고 했다. 인터뷰가 다 끝났다 싶을 때 가장 묻고 싶은 걸 던졌다.

> **주** 감사합니다. 혹시 이요섭 씨가 비스니스 할 때 뒤에 누가 있다는 애기 안 하셨어요?
>
> **프랑소와** 90퍼센트는 확신하는데 없는 걸로 알고 있어요. 그 정도 빽 있는 사람은 아니고, 저는 석배가 뭐 있는 줄 알았어요.
>
> **주** 근데 박석배는 아무것도 아니잖아요.
>
> **프랑소와** 그걸 어떻게 아셨어요, 신기하네.
>
> **주** 농협에서는 이명박 대통령 조카가 대출해달라고 해서 그냥 해줬다고 합니다.
>
> **프랑소와** 농협에 있는 사람한테 오더를 해서?
>
> **주** 네.
>
> **프랑소와** 그럴 수도 있겠죠. 그걸 미리 알았다면 그때 확 땡겼어야 했는데…….

"이요섭 뒤에 아무도 없다고 90퍼센트 확신한다."

이 프로젝트로 처음 만났다면서. 프랑소와는 내가 무엇을 아는지, 어떻게 알았는지 관심이 많았다. 이명박 운운하면서 떠벌렸을 때 프랑소와가 분명 알고 있었다는 감이 왔다. 이명박 정권에서 다 일어난 일인데 그는 노무현 정부 때 이렇게 됐다고 몰고 갔다. 권력자가 뒤에 있었는데 이명박이 아니라 노무현이라고……. 공범은 방향을 돌리고 싶어 한다. 뒤에 이명박이 있는 줄 알았으면 더 뽑아 먹었을 거라고?

주범이 하나 사라지면 종범들의 죄는 가벼워진다. 주범에게 죄를 덮어씌우면 되니까. 그래서 죽는 사람도 많이 생긴다. 주범이 사라지니 프랑소와는 편해졌다. 아무 타격 없이 자신의 영역을 잘 지키고 있다. 이미 노스욕 프로젝트로 돈은 챙겼고.

그런데 나와 마주한 프랑소와는 손을 떨었다. 들고 있는 명함이 너무 많이 떨렸다. 거짓과 진실 사이에서 계속 외줄타기를 하느라 긴장을 많이 한 듯했다. 프랑소와는 시종일관 거짓말을 했다.

누구나 자신의 이야기를 할 뿐인데 그게 사실이 아니다. 그래서 나는 말은 믿지 않는다. 증거만 믿는다. 사실의 조각을 모으는 것이 기자의 일이다. 그 조각들로 거짓말을 꺾어야 한다. 진실을 가리려는 사람의 힘은 굉장히 세다. 그리고 절박하다. 진실이 밝혀지면 감옥 가니까. 그래서 성실하기까지 하다.

버림받은 공범

캐나다에서는 분양대금을 변호사에게 맡기도록 되어 있다.
공사가 완료될 때까지 변호사가 그 돈을 관리한다. 사고를 막기 위한 캐나다식 대비책이다. 그 돈을 건드리면 감옥에 간다. 그래서 건드리는 변호사는 없다. 그런데 조미래 변호사는 건드렸다. 나이 쉰에 변호사가 되어, 성공한 한인 여성의 교과서 같은 위치에 있었는데 본인이 쌓아놓은 설 한순간에 무너뜨렸다. 왜 이요섭에게 돈을 주었을까? 왜 자신의 모든 것을 걸고 도박을 했을까? 예순이 훌쩍 넘은 나이에. 감옥에서 여생을 보낼 수도 있는데. 이해가 안 된다. 당했을 수도 있다. 누군가에게. 진실을 말할 수 없을 정도로 거대한 배경에. 가족도 재산도 다 잃었지만 토론토에서 가장 비싸다는 변호사를 고용해 재판을 받고 있다. 설명이 안 되는 부분이 많다. 실수가 아니라 의도가 있었다. 조미래 변호사는 피해자가 아니라 가장 중요한 공범이었다. 조 변호사가 입을 연다면 진실에 몇 발 짝 다가설 수 있다.

조 변호사는 사건이 터지고 변호사 자격이 박탈되고 구속됐다. 지금은 보석으로 풀려나 있었다.

그녀의 집으로 찾아갔다.

조미래 변호사가 사는 집은 남루했다. 정원에는 손보지 않은 나무와 잡초들이 뒤엉켜 있었다. '변호사님'을 10번쯤 외치고 나서야 문이 조금 열렸다. 옛날 영화에서 본 듯한 초록색 땡땡이 블라우스에 짧은 반바지. 옷이 수수하다기 보다는 너무 낡았다. 얼굴은 초췌했고, 초라하게 살고 있었다.

주 저는 주진우라고 합니다. 서울에서 왔습니다. 조미래 변호사님이시죠?

조미래 네. 왜 오셨어요?

주 노스욕 그 센트리움 사건 때문에 좀 여쭤보려고요.

조미래 죄송합니다, 그거는 저희 변호사하고 얘기를 하셔야 되는데.

주 변호사님이시잖아요.

조미래 저도 변호사 있거든요. 저는 이 사건에 대해서 얘기를 할 수가 없어요.

주 변호사님, 피해자시니까 얘기를 좀 듣고 싶어서,

조미래 그거는 감사한데, 미스터 트루델 변호사, 찍으면 그분 전화번호 나와요. 전 좀 실망이네요. 이렇게 집에 불쑥 찾아오시는 건 예의가 아니죠.

주 죄송한데, 서울에서 왔어요.

조미래 아니요, 서울에서도 그렇잖아요. 남의 집에 어떤 사전 연락도 없이…….

주 그건 죄송합니다만.

조미래 죄송합니다, 트루델에게 전화하세요.

주 변호사님, 변호사님. 하나만 여쭤보고 갈게요. 변호사님. 변호사님, 하나만 여쭤보고 갈게요. 서울에서 왔잖아요. 변호사님. 이요섭은 왜 처벌을 안 받는 겁니까?

조미래 경찰에 전화할 수 있어요, 남의 집에 무단 침입으로. 저도 옛

날에 언론 일 해서 다 알거든요. 그거는 정말 좋은 질문인데, 변호사님한테 얘기하세요.

■주■ 변호사님. 정말 좋은 질문이라면서요? 변호사님, 변호사님, 변호사님. 정말 좋은 질문이면, 대답을 좀 해주세요.

정말 좋은 질문인데⋯⋯. 답이 없다. 답이. 이미 대화는 끝나버렸다. '변호사님'을 열두 번쯤 외쳐도 답이 없었다. '변호사님'을 한번 더 외치며 쭈그리고 앉았다. 그러다 다시 변호사님을 불렀다. 한참을 그러다가 현관 문 틈으로 명함을 밀어 넣고 일어섰다. 한 번 더 벨을 누르면 경찰한테 신고할 것이다. 경찰한테 가는 것도 나쁘진 않은데⋯⋯. 근데 대답을 듣기는 어려울 것이다.

돌아섰지만 한동안 발길이 떨어지지 않았다. 기대하지 않았지만 제주도도 아니고 캐나다 토론토까지 왔는데. 어렵게 왔는데. 차로 걸어가면서도 자꾸 눈은 그 집 문을 향했다. 한 걸음, 두 걸음, 차까지 열 걸음도 채 안 되는데 혹시, 혹시 하며 20번은 돌아봤다. 알코올 중독자 옆집 아저씨는 웃통을 벗은 채 우리를 지켜보고 있었다.

조미래 변호사의 상태가 심각했다.
집 안 관리가 전혀 안 됐고. 얼굴이 무너져 있었다. 몸이 말라도 너무 말랐다. 고통스러워 보였다. 공범으로 보기 어려울 만큼. 프랑소와와 조미래는 가장 가까운 데서 이요섭의 사업을 도왔다. 그런데 행색은 하늘과 땅 사이였다. 프랑소와는 크고 럭셔리한 사무실에 있었는데, 조미래는……. 근데 왜 모두 입을 다 닫고 있지? 공범이더라도 이요섭에게 크게 당한 거 같았다. 그래서 충격에 잠겨 있는 상태로 보였다. 그야말로 무너져버린 작은 여인이 서 있었다. 세상에는 말로 설명 안 되는 부분이 너무 많다.

주범의 변호사를 만나다

세상에 나를 환영하는 나쁜 놈은 없다.

나쁜 놈들과 만났을 때는 불시에 쑥 본론으로 들어가야 한다. 그런 편이 성공할 확률이 훨씬 높다. 그들은 의도치 않게 증거의 파편을 흘릴 때가 종종 있다. 지금은 이요섭의 변호인 이방동 변호사 사무실로 간다. 약속하지 않았다. 불쑥 마주치기를 바란다. 조미래 변호사 말대로 무례한가? 내가 건방지긴 하지……. 사무실 여직원이 내 팬이어서 이방동 변호사를 만나는 건 약간 수월했다.

> **이방동** 안녕하세요. 무슨 건 때문에 오셨나요?
>
> **주** 저는 주진우 기자입니다. 서울에서 왔습니다. 시간 내주셔서 감사합니다.
>
> **이방동** 어떤 일로 오셨습니까?

주 저 노스욕 센트리움 대출 사건 때문에 왔어요. 의문이 풀리지 않아서요.

이방동 그럼요. 말씀 드리기 전에 몇 가지 부탁을 드릴 게 있는데요. 이요섭 대표님은 제가 한때 모셨던 손님이에요. 변호사만 알 수 있는 건 당연히 제가 말씀을 못 드리고요. 그리고 혹시 기사를 쓰신다면 제 이름은 삭제 부탁드려요.

주 익명으로 하겠습니다(그래서 이방동 변호사라는 가명을 쓴다). 조미래 변호사가 이렇게 큰 부동산 건은 처음 맡았죠?

이방동 개발은 전문 변호사가 따로 있어요. 근데 전혀 모르고 하시다 보니까, 미스테이크. 저는 지금도 믿고 있어요. 전혀 모르는 분야에 관여하다 보니까 바보 같은, 말도 안 되는, 정말 상상도 못한 어이없는 실수를 한 거지. 그분이 일부러 했다고는 생각하지 않아요.

주 캐나다에서 부동산 비즈니스를 하는데 한국에서 대기업과 은행이 마구 밀어주었어요. 굉장히 특별한 재능이 있지 않으면 불가능한 일 아닙니까?

이방동 그렇죠. 저도 그렇게 생각해요 당연히.

주 이요섭 대표가 이런 비즈니스를 하던 사람이 아니죠?

이방동 정확히 옛날에 뭐 하셨는지 모르겠는데, 그분이 초기에 캐나디안 타이어 매니저를 한 번 하셨고, 또 무역업을 하셨다는 걸 지나가면서 말씀하셨어요.

주 그 정도 경력으로 벌이기엔 굉장히 큰 사업이지 않습니까?
뒤에서 누가 봐주지 않으면 안 되는 일 아닌가요?

이방동 저도 그렇게 생각했는데 실제로 그거까지는 모르겠어요. 제
가 뵈었던 분은 이요섭 대표님, 한국의 농협 담당자.

주 캐나다에서 봤죠?

이방동 사무실에 오셨었어요. 참 신기하다고 생각하는 게 저희 사
무실 사진을 찍어 가시더라고요. 실체가 있나 없나 확인하
러 오셨던 거 같아요. 현지답사.

이방동 변호사도 이요섭 대표가 특별한 어떤 힘이 있어야 이 프
로젝트를 성사시킬 수 있었을 거라고 단번에 인정한다. 이요섭 대표
의 과거 경력을 봤을 때, 그가 이렇게 큰 부동산 개발 사업을 할 역
량이 있는지 미심쩍어 한다.

주 농협이 돈을 주고 담보를 잡아놨지 않습니까? 담보를 왜 해
제했을까요?

이방동 그때 제가 추측하기로는 로열뱅크오브캐나다에도 그 부동
산 담보 만한 금액의 상품이 있으니까 괜찮다고 생각하지
않았나, 그렇게 판단이 돼요.

주 그리고 담보를 풀어주고 나서 담보를 잡지 않았어요.

이방동 다시 잡았다고 들었던 거 같은데.

주 네 4순위로.

이방동 4순위요? 나중에 후순위로?

출장 왔던 농협 담당자가 담보를 잠시 해제해달라고 요청했던
다. 그래서 농협이 해달라는 대로 사인해서 보냈다고 했다. 농협이
담보를 4순위로 잡았다는 사실에는 모두 놀란다.

이방동 나중에 차장님이 저한테 연락하셨더라고요.

주 차장님이 이름이 뭐죠?

이방동 주호랑.(지금도 그가 진실을 고백하기를 기대하고 기도하고 있
다. 그래서 가명을 쓴다.)

주 주호랑.

이방동 네, 주호랑 차장님이 저한테 전화로 풀어달라고 그랬는데,
나중에 갑자기 담보를 푸시면 어떡하느냐고 하시는 거예요.

주 네. 주호랑이 담보를 풀어달라고 해놓고요?

이방동 이메일도 보내셨고요. 사인해서 주셨거든요. 제가 그럼 지
난번에 서류 보내신 건 뭐냐고 했죠. 그때부터 제가 걱정이
되니까 변호사 보험회사에 바로 보고를 했어요. 분명히 사
인도 있고, 다 제출했고요. 조사 나온 사람이 자기가 30년
넘게 일하면서 이런 건 처음 봤다고 하더라고요.

주 문제가 될 거 같으니까요?

이방동 나중에는 안 했다고 하시니까. 그게 농협하고 마지막이었던
거 같아요.

주호랑은 무슨 생각이었던 걸까? 누구의 사주를 받았을까? 정
말 미치도록 알고 싶다. 이제 본론으로 들어가자.

주 이요섭은 누가 한국에서 같이 일을 하고 있다, 혹은 누가 나
의 뒤를 봐주고 있다는 얘기 안 했습니까?

이방동 그런 얘기 전혀 안 하셨어요. 한국에서 고위직에 계신 분이
오셔서 여기 관계자들과 다 같이 다운타운에서 한 번 회식
을 했어요.

주 이요섭 씨랑 같이요?

이방동 농협에서 세 번째로 높다던가? 근데 성함이 기억이 잘…….

주 농협의 고위 관계자가 왔었다. 정치인이나 뱅커 중에 고위 관
계자가 오지는 않았습니까?

이방동 그거는 전혀 모르겠어요.

주 이요섭 씨가 이명박 대통령 이야기를 하지는 않았습니까?

이방동 전혀요.

주 이요섭 씨가 이명박 대통령의 조카 얘기는 안 하셨어요?

이방동 전혀요. 그런 건 전혀 들은 게 없어요.

전혀, 전혀, 전혀. 아주 강력한 부인이다.

> **주** 이요섭 씨가, 타이어 판매점에서 일했던 분이 갑자기 이렇게 큰 프로젝트를 한다고 했을 때 굉장한 배경이 있을 거라고 생각은 하셨을 거 아니에요?
>
> **이방동** 했어요.
>
> **주** 그리고 2009년부터 노스욕 센트리움 시작하고. 그때도 이요섭 씨가 내 뒤에 누가 봐주고 있다, 이런 얘기 안 하셨어요?
>
> **이방동** 전혀요. 전혀 안 하셨고 동부그룹은 들었고요. 나중에는 농협 주호랑 차장님한테 연락이 와서 대단하다는 생각은 했는데 실제로 돈이 클로징되는 걸 봤기 때문에 캐묻진 않았어요.

전혀, 전혀. 배경을 물으면 유독 강하게 부인한다.

> **주** 좀 대단하다고 생각하지만 묻지는 않았다 이거죠?
>
> **이방동** 네.
>
> **주** 일이 커졌습니다. 분양대금을 가져다가 썼으니까 굉장히 큰 일이죠? 근데 이요섭 씨를 캐나다 수사기관에서 왜 수사를 안 합니까?
>
> **이방동** 수사, 지금 하는 중 아닙니까?

주 이요섭 씨는 부르지도 않았잖아요.

이방동 안 불렀습니까? 전 당연히 인터폴, 다 했는 줄 알았는데요. 캐나다 사람들이 좀 천천히 해요. 지금 한국에서도 수사가 진행되고 있습니까?

주 아니요. 농협에서 문제 삼지 않아요.

이방동 뒤에 배후가 있다? 저도 분명히 뒤에 든든한 분이 있겠구나 생각은 했지만······.

이야기의 빠진 고리 확인은 여기까지. 이제 비자금 저수지로 데려다 줄 실마리를 찾자.

주 비즈니스를 병행하면서 회사를 많이 세우지 않습니까?

이방동 굉장히 많이 세우셨어요.

주 어떤 회사를 세웠습니까?

이방동 주로 오타와 주에서는 넘버 컴퍼니를 굉장히 많이.

주 어떤 회사들을 세웠는지 좀 알 수 있을까요?

이방동 그거는 죄송해요. 손님 동의가 있다면 넘겨줄 수 있는데, 제가 알려드릴 수는 없어요.

주 알겠습니다.

이방동 일단 넘버 컴퍼니는 굉장히 많으셨어요. 제가 알고 있는 것만 해도 스무 개가 넘을 걸요.

주 그래요? 그리고 해외에 계좌를 가지고 계셨습니까?

이방동 해외계좌로 송금해달라고 부탁한 적은 한 번도 없으셨는데 해외계좌는 있는 걸로 알고 있어요.

이방동 변호사는 이요섭의 변호사다. 농협의 담보를 풀어준 사람이다. 사건의 핵심 내부자다. 이 프로젝트 초창기에 이요섭과 일을 같이 했고, 그러다 조미래 변호사에게 넘겼다. 조미래 변호사가 실수했다고 했다. 당연히 그렇게 말하겠지. 예상대로다.

취재를 여기까지 진행했지만 결정적 물증은 여전히 부족하다. 실패와 실망의 연속. 하긴 '내가 범인이요' 하는 범인이 어디 있나. 작전에 참여했던 공범들은 더욱 진실을 말하지 않는다. 그 거짓과 변명 사이에서 길을 찾아야 한다. 내게 수사권이 있었다면 여럿 잡아들였을 텐데……

빈털털이 공범의 비싼 변호사

트루델 누구시죠? 누구신가요?

주 반갑습니다. 주진우입니다.

트루델 만나서 반가워요. 기자분이신가요?

주 네. 앉아도 될까요?

조미래 변호를 맡은 트루델을 만나니 반갑다는 말이 불쑥 나왔다. 나도 정말 반가웠다. 조미래 변호사가 왜 그런 불법을 저질렀을까? 그녀는 왜 이렇게 비참한 처지가 됐을까? 이요섭과 어떤 얘기를 했을까? 꼭 답을 찾아야 한다. 원하는 대답을 찾기는 어렵겠지만, 그래도 도전해야 한다.

트루델 기자시죠? 왜 찾아오셨는지 이해하고 도와드리고 싶어요. 하지만 해드릴 수 있는 말이 없네요. 판결이 나기 전까지 관련된 말을 할 수 없어요.

주 조미래 씨가 궁금한 건 가서 물어보라고 하던데요.

트루델 네, 누가 찾아와서 뭔가 물으면 제게 보내라고 했죠. 재판을 하고 있는 조미래 씨가 사건에 대해서 말할 수 없으니까요. 그리고 저도 말할 수 없어요. 그녀의 변호사니까요.

주 하나만 물을게요. 조미래 씨는 이렇게 재판 받고 있는데, 주범인 이요섭은 자유롭게 돌아다니고 있습니다. 이상하다고 생각하지 않으세요?

트루델 조미래 씨가 여기 있기 때문이죠. 조미래 씨는 돈을 가져가지 않았어요. 이요섭이 떠나면서 그녀는 이 사건의 피해자가 됐어요. 그는 확실히 이 사건에서 가장 중요한 인물이에요.

주 이요섭 뒤에서 다른 사람이 있었던 건 아닐까요?

트루델 저는 이요섭에 대해서 전혀 몰라요. 또 다른 누군가가 이 일에 연루되어 있는지도 모릅니다. 다만 제가 아는 한, 조미래 씨는 그 지시를 따랐습니다. 그런데 그녀는 기소됐고 이요섭 씨는 도망갔죠.

수 그런데 왜 조미래 씨는 그 지시를 따랐을까요?

트루델 이 일을 아주 잘 아시네요. 하지만 더 이상 답할 수 없어요. 스토리가 있지요. 이요섭 씨는 어딨죠?

주 조미래는 왜 그런 선택을 했대요? 왜 그런 바보 같은 짓을 한 거죠?

트루델 그 질문에 제가 답할 수 없다는 걸 아시잖아요.

토론토 중심가 럭셔리한 사무실에서 만난 세련된 변호사는 정보의 파편을 단 하나도 흘리지 않았다. 남루한 차림으로 누추한 집에 사는 조미래는 무슨 돈으로 이 변호사를 선임했을까? 돈은 이요섭이 다 가지고 도망쳤다면서. 물음표가 더 커졌다.

주범과 거래한 외환은행 토론토 지점

외환은행 토론토 지점도 취재했다.

이요섭이 거래했던 은행이다. 은행권에서 나돌았던 작은 이야기라도 듣고 싶다는 기대가 있었다.

외환은행 부장 안녕하세요.

주 안녕하세요, 저는 주진우 기자입니다.

외환은행 부장 TV에서 봤습니다. 들어오시죠.

주 네, 귀한 시간 내주셔서 감사하고요, 몇 가지만 여쭤보겠습니다. 이요섭 뒤에 누가 있다는 얘기는 못 들으셨고요?

외환은행 부장 그 뒤의 배경은 잘 모르겠어요.

주 캐나다 토론토에 이명박 대통령이 돈을 숨겨놨다는 얘기는 들어보셨어요?

외환은행 부장 (고개를 흔든다.)

주 전혀 못 들어보셨어요?

외환은행 부장 그렇게 큰 분들은 관심 없을 거 같은데…….

주 외환은행에서 이요섭 담당하던 영업부장이 해고됐죠?

외환은행 부장 이요섭 씨하고 술 마시러 많이 다니고 룸싸롱 다녔다는 얘기는 있었지만, 그만둔 이유는 자동차 관련해서 다른 일로…….

주 다른 이유로 그만둔 거 알고 있어요. 근데 공교롭게 이요섭 씨하고 같이 다니고 그 다음에 그 사건이 터지고 나서?

외환은행 부장 많이 다녔다고 그러더라고요. 은행이 피해 입은 건 없고. 임 부장이 이요섭과 부적절하게 룸싸롱 많이 다녔다는.

주 은행 사람들이 룸싸롱 다니는 거는 당연하죠. 접대 받으러…….

토론토에 온 첫날밤, 꿈에 이명박과 아들 이시형이 나왔다. 이시형은 히딩크랑 사진 찍었을 때처럼 빨간색 맨유 셔츠에 슬리퍼 차림이었다. 미국 앨라배마 다스 공장에 이명박이 자기 재산이 얼마나 불었는지 체크하러 온 것이다. 이명박을 만났는데 다정하게 또 왔냐고 인사를 한다. 이야기를 한참 동안 잘 나누다가 이명박이 갑자기 버럭 화를 냈다. 그러다 갑자기 경비원들이 달려들어서 쫓겨났다. 에효. 꿈도 이 모양이다. 이명박은 내 꿈에 가장 많이 등장하는 인물이다.

주범을 사랑으로 감싸주시는 목사님

늘 안 만나주고, 전화 안 받고, 만나도 거짓말만 하는 사람들이 많다.

성직자들 중에도 그런 사람이 많다. 그런데 이요섭이 다니던 교회 목사님은 차분하게 정황을 이야기해주셨다.

> **주** 이요섭 씨는 목사님 교회 신자였죠? 얼마나 다녔어요?
>
> **목사** 신자였어요. 한 7, 8년 됐지. 떠난 시점이 벌써 지금 4, 5년 될 걸. 2013년이었으니까.
>
> **주** 독실한 신자였네요.

목사 독실하지는 않은데, 어쨌든 아버님이 목사님이에요. 뉴욕에서. 애가 워낙 노력하니까 도와주고 싶었어요. 순수했어요. 교회 헌금도 막 많이 한다고 해서 내가 말렸어. 너 빚을 먼저 갚아라, 교회 헌금이 중요한 거 아니다.

이요섭이 열심히 살려고 했다고 믿고 계신 목사님도 농협에서 210억 원을 대출받아 온 것은 이해할 수 없다고 하신다. '대기업 있는 사람의 아들'이 뒤에 있다고 생각하신다. 그런데 실세 같아 보이지는 않았다고 하신다.

주 한국에서 누굴 만나서 토론토에서 가장 큰 비즈니스를 갑자기 시작한 거죠.

목사 한국에 큰손이라는 사람도 내가 듣기로는 실세가 아니야. 돈이 많은 대기업 쪽 사람이더라고. 대기업에 있는 사람의 아들을 만난 거야.

주 그 아들은 누굽니까?

목사 아들이야, 아들. 근데 나는 그걸 모르겠어. 근데 석배가 그런 인물인지는 모르겠어. 맞아요? 취재해본 결과는?

주 아니에요.

목사 이해가 안 돼.

주 농협에서 돈을 받을 때 굉장한 실세의 아들이 이요섭 씨하고 농협에 들어갔을 거예요.

목사 그렇겠지. 내가 똑같은 얘기했어요. 농협이 너를 뭘 보고 돈을 주냐, 난 이해가 안 간다고 그랬어요.

주 그랬더니 뭐라고 그래요?

목사 그건 다 자기가 알아서 한대. 대기업에서 돈을 뽑아온대.

주 이명박 조카가 도와줬습니까?

목사 메이비. 그 정도 큰손이 아니면 그게 가능하겠냐 이거야.

이요섭 씨가 '큰손들이 도와준다'는 말을 했다고 하신다. 그 큰손이 이명박 씨 조카인지는 모르신단다.

주 이요섭 씨는 이 사업을 잘하고 싶었어요. 근데 요섭 씨에게 돈을 밀어줬던 사람들 입장에서 그럴 생각이 없었던 거 같아요.

목사 그렇게 되면 이해가 가지. 은행이랑 삼성 온다고 했어. 다 붙었어.

주 근데 이요섭 씨가 한국에 갔다가 다른 데로 갔잖아요?

목사 지금 난 어디 있는지 몰라, 어디 있는지 알아요?

주 잘 계세요.

목사 다행이네. 내가 떠날 때 밥값 좀 전해줬어. 너 가서 잘 살라고. 근데 나한테까지 연락을 끊을 줄은 몰랐지.

이요섭이 사기 칠 목적이 없었다고 해도 결과적으로 사기다. 자기를 도와준다고 생각했던 사람이 어떤 사람인지 몰랐고, 자기가 하는 일이 무엇인지, 감당할 수 있을지 아닐지도 정확히 모른 채 그냥 하다가 사기꾼이 됐다. 하지만 그걸 다 미리 알 수 있는 사람이 얼마나 될까? 그렇다면 이요섭은 그 거물이나 큰손의 희생양일까?

주   이요섭이 어떻게 한국에 있는 거물들하고 연결이 됐을까요?

목사   늘 그 얘기를 했다고. 한국에서 어떤 기업과 관계된 큰손의 아들하고 만났어요. 자기 친구 아버지가 도와준대.

주   목사님이 형편이 어려운 이요섭 씨 가족도 이렇게 다 거둬주시고.

목사   그런 얘기는 어디서 들었어요?

주   저 기자에요. 참 좋으신 분이구나, 생각했어요.

목사   아휴, 참 그 친구가 애들이 셋이 있는데 걱정이야. 애들 엄마가 식당에서 아침부터 밤 10시까지 일하잖아.

분양대금에 손댄 것. 변호사도 아닌 목사님이 변호사가 할 수 있는 실수가 아니라고 하신다. 목사님이 아는 법을 변호사가 모를 수 없다. 그러니까 조미래 변호사가 이요섭에게 돈을 넘긴 것은 실수가 아니다. 그렇다면?

주 이요섭과 조미래, 두 분이 어떤 관계였는지 혹시 아세요?

목사 그것도 추측이야. 나도 그 생각을 했거든. 만약에 둘이 내연 관계였다고 해도 너무나 어처구니없는 실수야.

목사님이 이 사건이 굴러간 상황을 정확하게 아신다. 누구보다도 잘.

주 이요섭 씨 한국에서는 굉장히 큰 사기꾼입니다. 농협과 외환은행, 또 다른 데서 가져다 쓴 게 사기가 되고 형사, 민사가.

목사 근데 인터폴은 안 가요?

주 안 걸려 있어요.

목사 난 그게 신기해. 나하고 한 번 비행기에서 만나서 공항을 같이 들어왔어요. 그때는 이미 인터폴에 걸려 있어야 될 때인데 같이 들어올 수 있었어. 나는 지금도 그게 이해가 안 가.

주 그렇죠? 한국 사법 당국에서, 농협에서, 한국 금융기관에서 이요섭을 고소하지 않아요. 돈 내줄 때부터 이요섭한테 모든 특권과 모든 편법을 해서 줘요.

목사 이해가 안 가.

주 이요섭의 배후를 찾아야 해요. 편법, 불법, 특권, 이런 것들은 이요섭의 힘만으로는 불가능해요. 그 뒤의 무엇이 이요섭을 구렁텅이에 빠트렸으며, 보호하고 있을까요? 윗선이 아직 이요섭을 보호해야 할 뭔가를 쥐고 있다면 다행이에요. 대출 부서의 옆 사람은 죽었어요.

목사 아, 그래요? 그냥 자연사?

주 아니요. 의문의 자살이에요. 아침에 출근했는데 갑자기 저수지에 가서. 부인께서는 죽을 아무 이유가 없었다고 하시고요. 아이들도 잘 크고.

목사 아이고, 그 사람이야말로 피해자네.

주 목사님, 제가 이요섭 씨에게 도움이 될 수 있다고 봐요. 용기를 내는 건 쉽지 않겠지만 진실을 말하고 새로 시작해야죠. 혹시 요섭 씨가 연락을 하면 저를 이용하라고 하세요. 그만, 가보겠습니다.

잘못은 했어도 살아야 한다. 살면서 책임져야 한다. 이요섭이 살려면 뒤의 숨겨진 배후, 거대한 음모에 대해서 얘기해야 한다. 그래서 자기는 작은 잘못을 저지른 사람일 뿐이라고. 뒤에 더 나쁜 놈이 있다고. 그렇게 이야기할 수 있어야 자신의 삶을 살 수 있다고 생각한다. 쉽지 않겠지만 그래도 그 길뿐이라고 꼭 전했다.

목사, 신부 등 성직자들로부터 제보 전화를 종종 받는다. 문제를 일으킨, 혹은 문제가 있는 이들은 심리적으로 불안하기 때문에 누군가에게 기대고 싶어 한다. 그래서 성직자에게 고민을 털어 놓곤 한다. 이분은 이요섭이 믿고 따르는 목사였다. 이요섭이 도망가고 난

후, 남은 가족들을 돌봐주시는 목사였다. 그래서 꼭 이분을 만나고 싶었다.

목사님은 이요섭이 재벌과 은행을 움직일 수 있는 사람이 아니라는 것을 안다. 사고가 터지고 한국과 캐나다를 자유롭게 왔다 갔다 할 수 있는 능력이 없다는 것도. 배후에 누군가가 있다. 분명 있다. 거물의 아들이. 그를 찾아야 그림이 완성되는데…….

누구도 모른다? 아니 누구도 진실을 말하지 않는다. 더 쫓아야 한다. 거짓말 하는 사람들 틈에서 진실을 찾아야 한다.

캐나다는 이명박의 돈과 관련된 가장 핵심적인 동네였다.

캐나다에서 너무 많은 일이 벌어졌다. 근데 지금 보면 이요섭은 메인은 아니었다. 확실히. 쓰다가 버려진 카드. 이요섭은 핵심에는 접근도 못 했을 것이다. 자기가 무슨 일을 하는지, 어떻게 되는지도 모르는 바람잡이, 미끼 역할……. 하지만 부족하다. 이요섭과 이요섭의 배후를 잇는 고리를 찾아야 한다. 말 말고 증인. 증인 말고 증거.

그래서 나는
케이맨으로 갔다

저수지는 케이맨에 있다.

이명박의 것으로 의심되는 돈은 캐나다를 거쳐 케이맨제도로 갔다고 했다. 그래서 나는 케이맨으로 갔다. 가야만 했다.

케이맨제도는 카리브해에 있는 영국 영토이다.

쿠바 옆에 있다. 미국 뉴욕에서 남쪽으로 4시간을 날아가면 케이맨의 수도 조지타운에 도착할 수 있었다. 케이맨은 제주도만 한 크기로 인구는 5만 5천 명. 충북 영동군 인구가 5만 명 정도다. 이곳은 스쿠버들에게는 최고의 휴양지로 유명하다. 하지만 비자금의 천국으로 더 유명하다. 케이맨은 존 그리샴의 소설《그래서 그들은 바다로 갔다》의 배경이다. 이 소설은 〈야망의 함정〉이라는 제목으로 영화화되었다. 하버드 로스쿨을 졸업한 톰 크루즈를 파격적인 조건으로 채용한 로펌은 돈을 숨겨주고 돈세탁을 해주며 돈을 버는 마피아 회사였다. 마피아 회사만이겠는가. 케이맨은 조세회피처이기 때문에 자산운용 회사나 특수목적 회사(SPC)가 몰려 있다.

지난 8년간 우리나라에서 조세회피처로 나간 돈이 190조인데 그중 홍콩을 제외하고는 케이맨이 제일 많다. 2016년 한 해만도 55억 8천만 달러, 약 6조 원이 케이맨에 직접투자 형태로 들어갔다. 신고한 액수만 그렇다. 역외투자의 거점이라고 하는데 왜 돈이 꼭 케이맨에 들려야 하는지 이유는 모르겠다. 우리 교민은 10명도 안 될 텐데……. 교민이 있기는 할까? 2007년부터 한국과 케이맨의 직접교역액은 급상승한다. 매년 2배 이상 성장. 이명박 재임기하고 정확하게 일치한다. 우연으로만 보이지는 않는다. 석연치 않다.

나를 설레게 한 것은 케이맨 어딘가에 있을 이명박의 저수지다.

이명박 주변의 돈은 캐나다를 들렀다가 케이맨 저수지로 사라지는 경우가 많았다. 케이맨 로열뱅크오브캐나다 앞에 서니 떨렸다. 앤서니가 말한 계좌가, 마농이 이야기한 저수지가 바로 여기에 있다. 케이맨 로열뱅크오브캐나다 건물은 위풍당당했다. 케이맨내셔널뱅크보다 크고 심지어 케이맨제도 정부 건물보다 더 크다. 로열뱅크오브캐나다 케이맨 지점에 가서 돈을 숨기려는 고객을 위한 특별한 서비스를 물었다. 또 비자금 계좌를 주로 다루는 대형 로펌인 위커스에서 페이퍼 컴퍼니를 만들고 관리하는 방법을 상담했다. 영국에서 대학을 나온 두 명의 여성 변호사에게 한국 권력자의 아들 행세를 했다. 건방진 연기는 분장 없이 바로 가능하다. 그 변호사들은 누구도 찾을 수 없는 계좌를 만들어 주겠다고 약속했다. 하지만 계좌를 개설하는 조건이 예전보다 훨씬 까다로워졌다고 했다.

물론 케이맨에서 이명박의 흔적을 찾을 수는 없었다. 그래서 케이맨 해변에 이명박에게 해주고 싶은 한마디를 써놓고 왔다.

'이명박 구속.'

당당한
농협 마이너스의 손

한국에 돌아와서 이명박 주변과 브림의 동태를 살폈다.

별다른 움직임이 보이지 않았다. 죽은 박 차장의 부인을 만나고, 박석배를 찾아다녔다. 잠적한 줄로만 알고 있었는데, 박석배는 강남구 도곡동 오피스텔에서 자유롭게 생활하고 있었다. 금감원에서 농협이 작성한 노스욕에 관한 보고 자료도 입수했다. 농협은 자료를 절대 내놓지 않았다. 국회 소관 상임위원회를 거쳐 자료 공개를 요청해도 묵묵부답이었다. 본래 없었다고 우기기도 했다. 그렇다고 멈출 수는 없었다. 농협의 비선의 비선을 통해 관련 자료를 손에 넣었다. 그런데 노스욕 서류는 너무 없어서 남은 내용이 별로 없었다. 다른 서류 파일은 다 있는데 그것만 없다고 했다. 그 자료만 사라졌단다. 물어도 농협은 여전히 못 들은 척했다. 농협 간부들은 "바쁘신 기자님이 왜 이렇게 사소한 건에 매달리세요"라면서 난감해했다.

주진우의 이명박 추격기

농협은 210억 원을 허공에 날린 주호랑 차장을 왜 가만히 두었을까?

담보를 해지하는 엄청난 실수를 저질렀는데도 말이다. 인도네시아 풀빌라 펀드, 캄보디아 캄코시티 아파트 분양권 펀드 등 손대는 일마다 손실이 났는데도 말이다. 국회의원이 묻고, 금감원에서 따져도 농협은 꿈쩍하지 않았다. 대출금을 회수하려고도 하지 않았다. 농협에서 캐나다 토론토 이야기를 하는 것을 거의 금기시했다. 내가 농협에 몇 년 넘게 왔다 갔다 하고 여기저기 묻고 다니니까 그제야 참새 눈물만큼 찔끔 징계를 하기는 했다. 더 쑤시고 다니자 주호랑은 회사를 그만두었다.

우선 주호랑을 만나야 했다. 그는 등록된 주소지에 살지 않았다. 전화도 꺼져 있었다. 어쩌다 전화가 연결되면 바로 끊었다. 몇 달을 공들였지만 허사였다. 하지만 어렵게 어렵게 농협의 의로운 분이 연결해주셔서 주호랑과 만날 수 있었다. 실은 의로운 분의 사모님이 도와주라고 하셨다고 한다. 여성이 더 정의롭고 용감하다. 이는 경험으로 체득한 진리다.

주 이요섭은 누가 소개해주었나요? 개인적인 인맥으로 데려온 거예요?

주호랑 제가 아는 사람이에요. 그거는 100프로 확신합니다.

주 (뭘 이런 걸 100퍼센트 확신까지 하나.) 진 부장이나 영포라인

쪽에서 소개한 것 아닌가요?

주호랑 개입될 여지가 없었어요.

주 농협 내부에서 이야기를 들었어요. 대통령의 조카가 진 팀장과 천년회 사람을 통해서 캐나다 건을 밀어주라고 해서 이 건이 시작됐다고요. 저는 주 차장께서 위에서 지시를 해서 어쩔 수 없이 도장을 찍었다고 생각해요.

주호랑 그건 아닙니다. 그럴 순 없어요.

주 그럴 순 없어요?

주호랑 조금이라도 그런 일이 있었으면 인터넷에 다 뿌리죠. 제가 그 무수한 어려움 속에서 2008년도에서 2013년도까지 이 사업을 살려보려고 했었는데요. 제가 2014년도에 퇴직할 때 박석배한테 전화했어요. "나 회사에서 변상금 물어내라고 하면 지구 끝까지 쫓아가서 널 죽일 거다." 그렇게 전화하고 끊었어요.

주 대통령 조카를 모릅니까?

주호랑 전 모르는 사람이에요.

주 박 아무개 차장은 왜 죽었나요? 혹시 압박을 느낀 것은 아닌가요?

주호랑 제가 봤을 때는 박 차장이 개인적 욕심을 좀 느낀 거 같아요. 근데 그 당시 자살을 한 사람이 많아요.

주 주 차장님은 징계를 받았는데 이요섭은 우리나라, 외국에서 잘 다니고 있어요. 아무런 제재 없이. 이상하잖아요.

주호랑 주 기자님, 죄송합니다. 더는 말해드릴 수 없습니다.

억지로 끌려 나왔지만 주호랑은 입을 열지 않았다. 죄송하다면서 뭐가 죄송한지는 절대 말하지 않는다. 묻고 또 물어도 자신이 그어 놓은 선을 절대 넘지 않았다. 이런 죄송은 거의 가짜다. 동료의 죽음을 놓고 그 당시 자살한 사람이 많다고?

이번 대출 건, 이제 막 들어온 차장급 직원이 혼자 저지르기에는 너무 어처구니없는 일이다. 배경이 없다면 설명이 되지 않는다. 자신이 말할 때마다 '믿기지 않겠지만'이라는 단서를 달았다. 자신도 믿기지 않는 말을 하고 있었다.

그 많은 사고를 친 주호랑은 아직도 농협에 드나들고 있다고 한다. 개발 사업을 하겠다는 서류를 들고서. 도대체 그는 왜 이렇게 당당할까? 농협은 그에게 무슨 약점을 잡힌 걸까?

농협아, 고소해!

캐나다를 다녀와서도 앤서니가 부르면 달려갔다.

예전만큼 전화를 드리지는 않았지만. 여전히 직업적 윤리와 시민적 윤리를 다 지키고 계시다. 인간적으로 이해하지만 기자적으로 화가 난다.

앤서니 농협이 이요섭에게 소송 안 걸었지?

주 처음에 걸었다고 했는데 확인해보니까 안 걸었더라고요.

앤서니 거짓말이야.

주 이요섭이나 박석배나 그 누구한테도 형사 고소 안 했어요.

앤서니 국민은행도 그렇고 우리은행도 그렇고, 난 여태까지 소송을 하는 걸 본 적이 없어. 농협에서 다 끝난 일 갖고 또 뒤집는 다고 나 드럽게 욕먹었어.

주 주호랑, 이요섭, 박석배 쭉 쫓아다녀 봤거든요. 근데 얼마 전까지 박석배 이름으로 도곡동에서 사무실을 운영했어요.

앤서니 음. 농협이 형사사건으로 고소해야 그때부터 시작할 수 있어요. 캐나다에서 형사사건은 공소시효가 없어.

주 캐나다 경찰이 이요섭 잡겠다는 입장은 확실해요. 캐나다 경찰이 한국에 인터폴 요청해놓았어요. 그래서 이요섭이 도망 다니고 홍콩에 나가 있다는 첩보가 있어요. 한국 경찰이나 공권력은 이요섭한테 아무 말도 안 하고 농협은 오히려 보호하고 있고요.

앤서니 나는 농협을 정말 이해 못 하겠어.

주 이명박을 물음표에 넣으면 다 풀리잖아요. 좀 도와주세요.

앤서니 농협한테 소송 좀 하게 해봐. 나는 불법으로 하기 싫어. 개네들이 그런다고 나까지 그럴 수는 없잖아. 나야말로 계란으로 바위치기야. 그런데 소송이 걸리면 얘기는 다르지. 소송을 하면 내가 다 내놓을 수 있어. 로얄뱅크오브캐나다를 잡아야 하는데 그러려면 그 수밖에 없어. 농협이 저렇게 똘똘 뭉쳐 갖고 소송을 안 거는 이유가 그것 때문이야.

주 그러니까요. 농협은 사실이 조금이라도 밝혀질까 봐 두려워서 못 할 거예요. 잘 모를 때는 '잘못됐네, 소송해', 이렇게 했다가 중간에 멈춘 거죠. 해킹 사건까지 있었으니. 그리고 계속 모른다고 해야 하고. 이요섭이 그때 만들어놨던 여러 계좌가 있죠.

앤서니 그게 아니라 캐나다에서 서울로 쏜 분양대금. 캐나다에서 그거 찾던데.

주 서울로 쐈어요, 돈을?

앤서니 응. 조미래가. 그거부터 찾아야 돼. 이명박이 잡으려면 그거 말고도 많을 거 같은데?

주 많이 있겠죠. 근데 누가 고소하고 누가 수사를 해요?

앤서니 인도네시아 풀빌라, 말레이시아 건도 있지, 선박펀드, STX 도 농협에서 6천 몇 백인가 8천 몇 백억 가져갔다며?

주 제가 조금만 하면 될 줄 알았는데 너무 견고하잖아요. 기사 하나 쓰면 될 줄 알았는데 고소를 안 해요. 어떡해요?

앤서니 내가 어떡하니?

주 아닙니다. 가시죠.

농협의 210억 원을 따라가다 보면 비자금 저수지로 연결이 된다. 그래서 노스욕 사건이 내게는 아주 중요하다. 앤서니는 농협에서 빠져 나간 돈이 캐나다 케이맨제도 로열뱅크오브캐나다에 있는 것을 두 눈으로 확인했다고 한다. 농협이 소송을 하면 210억 원뿐만 아니라 수조 원을 찾을 수도 있다고 했다. 그 절차와 방법을 알려주기도 했다. 이명박과 그 일당을 법정에 세울 수도 있는 일이다. 그러나 아직까지는 정황만 있을 뿐이다. 실패담만. 그래서 아직까지는 이명박과는 관계가 있다고 하기 힘든…….

　그래도 나는 쫓는다.

　쫓아다니고 있다. 쫓아야 한다. 민주당 중진 의원들이 나서도 농협은 꿈쩍도 안 한다. 금감원도 미동도 없다. 이 흔적들이 사라지기 전에 농협이 소송을 할 수 있을까? 나의 실패담이 성공 스토리가 될 수 있을까? 이명박의 돈을 찾아줄 수 있을까? 그 돈을 빼앗아 국민들에게 돌려줄 수 있을까?

나의 하루

나의 하루는 보통 15개의 약속들로 채워진다.

치열하게 사는 것 하나만큼은 누구에게도 지지 않는다는 자부심이 있다. 누구나 열심히 살고, 나이 드는 것 자체가 치열한 삶의 투쟁이라는 걸 알아가고 있지만 말이다. 열심히 살아야 한다고 나를 더 분발하게 만드는 이는 류승완 감독과 박주민 의원 정도다.

류승완 감독은 영화를 만들 때 정말 치열하게 붙잡고 늘어지고 매달린다. 독하고 집요하게 공부한다. 장면 하나하나를 손으로 깎아내는 듯하다. 예술가가 창의력에 의존해야지…….

내 변호인이었던 박주민 의원은 새벽 3시쯤 재판 관련 회의를 마치고 사무실로 돌아갔다. 다른 사건을 챙기려고. 우리는 집회가 다 끝나고 경찰이 연행을 시작하는 새벽녘에야 길바닥에서 만나곤 했다. 거리에서, 현장에서 가장 늦게까지 앉아 있는 이가 박주민이었다. 고생해서 그런지 박주민은 가수 조정치에 비해 머리숱이 많이 모자란다.

2017년 6월의 어느 날, 나의 하루다.

7시 45분 일어났다. 대선이 끝나서 좀 늦게까지 잘 수 있었다.

8시 30분 삼성동에서 한 회장님과 약속. 호텔에서 아침 운동을 마치고 나온 회장님과 차를 마셨다. 시대가 바뀌었으니 절친 이명박 애기 좀 해달라고 했다.

9시 30분 신사동에서 변호사 미팅. 박근혜가 나를 고소한 사건이 4년 6개월 만에 무혐의 처리됐다. 검찰에서 도장이 찍혔다는 소식을 전해줬다. 본래 무혐의로 판결이 나야 할 사건인데 겨우 무혐의를 받아냈다. 하지만 며칠 전 남대문경찰서에서 조사받은 건에 대해 경찰이 추가 자료를 요구하고 있다고 한다. 바빠서 나중에 주겠다고 하고 넘겼다. 결국 안 줬다. 하찮고 사소한 것까지 챙겨야 할 만큼 한가하지 않다.

10시 30분 서울구치소 고영태 면회. 영태가 이재용 삼성 부회장 뇌물 건에 대해 알고 있는 게 있으려나……. 지난 정권 때는 면회도 쉽지 않았는데 지금은 편해졌다. 영태가 심리적으로 좀 안정되도록 자주 들러야 하는데…….

11시 30분 회사 출근. 10분 동안 간단하게 회의를 하고, 사인을 한다. 결재 서류가 아니라, 독자들이 요청한 사인이다. 책에 사인을 해달라는 요청이 회사로 온다. 회사에 가는 날엔 거의 10~20분은 사인을 한다.

12시 정치학과 교수님과 점심 약속. 국정원 개혁 방향에 관해 난상 토론.

13시 두 번째 점심 약속은 경찰 간부들과. 디저트는 여기서. 내곡동 특검 당시 이명박의 재산 관련 수사에 대해 꼬치꼬치 캐물었다. 하지만 거의 수사가 진행되지 않았다고 한다.

14시 〈뉴욕타임스〉 선배와 커피. 국내 기자들과는 다른 시선이다. 많은 걸 배운다.

15시 출판사 미팅. 이 책을 빨리 쓰라는 독촉을 듣는 자리다.

15시 30분 영화감독과 미팅. 이 책,《주진우의 이명박 추격기》는 책을 쓴다는 소문만으로 영화사에 판권이 팔렸다. 책이 나오기도 전에. 요즈음 가장 잘나가는 영화사에.

16시 가수 이승환 형과 전화 회의. 북 OST에 관해서. 이 책은 출간과 동시에 싱글 음반이 나온다. 북 OST라니, 아마 국내는 물론 세계 최초일 것이다. 곡 제목은 〈돈의 신〉. "너흰 고작 사랑이나 사람 따월 믿지, 난 돈을 믿어." 이렇게 시작한다. 이승환 형, MC 메타 형과 함께 가사를 썼다.

16시 30분 김제동 만남. 요즈음은 제동이가 실의에 빠져 있다. 제동이는 특별한 이유 없이 가장 자주 만나는 친구다.

16시 45분 이명박 비자금 관련 국제 변호사 앤서니와 면담. 이분과 제동이는 서래마을에 살아서 겸사겸사 약속을 두 개 만들었다.

18시 고영태 변호인단과 변호사 사무실에서 회의 후 짜장면으로 저녁을 때웠다.

19시 30분 또 다른 저녁 약속. 디저트는 이명박 관련 제보자와. 그가 마음을 열지 않아 공을 들이고 있다. 밥값을 내려 무리하게 합석했다. 어휴, 그런데 밥값이 너무 많이 나왔다.

20시 30분 삼성 이재용 관련 취재. 뇌물죄를 무죄로 만들고 풀려나려고 삼성이 전방위적으로 거세게 압박하고 있다. 기자들은 삼성의 홍보맨으로 변신해서 기사가 아니라 홍보 문구를 쓰고 있다. 삼성이 돈으로 법을 망가뜨리는 데 브레이크를 걸어야 한다. 반드시.

22시 전직 검찰총장, 현 지검장 취재. 검찰 고위직과의 약속은 주로 늦은 밤에 잡힌다. 오늘은 빨리 만난 편이다. 밤 12시를 넘겨 새벽에도 종종 약속이 잡힌다. 만남이 아침까지 이어지기도 한다. 나를 알고 지내는 게, 나를 만난다는 게 흠이 되는 나라였다. 불과 얼마 전까지. 그래서 이렇게 늦게나 약속이 잡히는 것이다.

24시 청와대 선배와 커피 한 잔. 하소연을 듣고 쓴소리도 하고.

1시 30분 시민단체 선배와 만남. 며칠 약속을 미뤘더니 집 앞 커피숍에 와 계셨다.

2시 30분 귀가.

3시 45분 취침. 씻고, 기사 체크하고, 짧은 글 쓰다가 고개가 한번 꾸벅하면 그때 잠을 청한다.

내 사전에는 불면증이란 없다. 잠이 올 때까지 뭔가를 하니까.

나는, 내 시간은 위급하고 중요한 사람들이 가져다 쓴다.

공적으로 내 삶을 내놓고 산 지, 17년 됐다. 가족들도, 주변 사람들도 그러려니 한다. 여름휴가를 한 번도 간 적이 없다. 가족들이 가자고도 안 한다. 오늘 전화 한 통을 받았다. 오늘 무주로 가족여행을 떠난단다. 잘 다녀오라고 했다. 일요일 밤 12시에 약속이 있다며 나가는 나를 가족들은 당연하게 생각한다. 아들은 "안녕히 가세요"라고 인사한다. 지난해 아버지가 수술을 받아 보름 동안 병원에 입원하셨다. 내게는 퇴원하고 집에 가는 차 안에서 소식을 알려주었다. 우리 집안에서는 사고 안 치고, 사람 구실 하고 사는 것으로 내 역할을 다했다고 본다. 사실, 그렇다.

선택과 집중. 나는 약속 장소를 한 지역에 몰아놓고 집중적으로 만난다.

점심 약속은 때로는 두 번, 저녁 약속은 거의 두 번 잡는다. 디저트는 꼭 다른 곳에서 먹는다. 한 끼를 두 번 먹는데 왜 살이 안 찌느냐는 질문을 많이 듣는다. 두 번 먹으면 한 번도 제대로 먹지 못하니 그렇다.

밥을 먹다가 약속이 있다고 항상 중간에 일어난다. 처음에 사람들은 예의가 없다고 한다. 하지만 나를 아는 사람들은 '저놈은 그런

놈' 하면서 이해해준다. 검찰 간부들도 폭탄주를 돌리면서 내게는 콜라를 시켜준다. 모두가 흔쾌히 이해하는 것은 아니지만.

만나자는 사람이 정말 많다. 제보하겠다는 사람들은 더 길게 줄을 서 있다. 하지만 그분들을 다 만날 수는 없다. 메일이나 우편으로 자료를 보내라고 한 후, 내용을 보고 만날지 말지 판단한다. 그런데 나를 언제든지, 어디서든지 만날 수 있는 사람이 있다. 이명박의 정보를 가지고 있다는 사람이다. 이명박 정보가 있는 것처럼만 보여도 내가 만나달라고 기를 쓰고 매달린다.

일본 도쿄에 1박 2일로 다녀온 적도 있다. 이명박이 일본에서 롯데의 돈을 받았다는 제보를 듣고 다음 날 바로 도쿄행 비행기를 탔다. 그런데 만나 보니 내용은 신빙성이 떨어졌다. '이명박을 한 번 본 적이 있다'에서 끝. 그 제보자는 나를 보고 싶었다고 했다. 팬이어서 책을 읽고 유튜브 영상도 찾아봤다고……. 난감했다. 화가 났지만 꾹 참았다. 그야말로 도쿄에서 우동만 먹고 왔다.

내가 그렇게 매달리고 쫓아다녀도 이명박은 꼬리조차 잡히지 않는다. 전 세계를 돌며 이명박에 대한 증거를 모으고 모아도 모자랐다. 아무래도 내가 이명박을 생각하는 마음이, 이명박이 돈을 생각하는 마음보다 부족한가 보다. 가끔 지칠 때도 있지만 결코 포기하지 않는다. 이명박에 대한 정보가 있다면 언제, 어디라도 간다. 나는 쫓을 것이다. 무슨 일이 있어도.

꽃이 져도
나는 이명박을
잊은 적이 없다

정권이 바뀌어도 나는 이명박을 잊은 적이 없다.

날이 갈수록 이명박에 대한 생각은 더욱 간절해진다. 요즈음은 이명박의 무기 사랑에 대해 공부하고 있다. 나는 방산 비리 척결이 우리나라의 미래를 좌우하는 중요한 사안이라고 생각한다. 정의롭지 못한 권력이 돈을 만드는 가장 전통적인 방법이 무기 사업이다. 방산 비리의 뿌리를 뽑으면, 정치권력의 맨 얼굴을 마주할 수 있다고 본다. 박정희, 전두환, 이명박, 박근혜의 힘의 원천인 돈을 찾을 수 있다고 본다. 대한민국의 근본 패러다임을 바꿀 수 있다고 본다. 통일을 가로막는 가장 큰 장애물을 제거할 수 있다고 본다. 국내 차원의 문제가 아니라, 미국까지도 관련된 문제이니 매우 어려운 숙제다. 그래도 해야 한다. 돌파해야 한다.

오랫동안 록히드마틴의 방산 비리에 매달려온 이유다. 나는 이업체가 이명박과 박근혜 측과 밀접하게 관련 있다고 보고 쫓았다. 록히드마틴의 수주량은 이명박 정부 때 노무현 정부 때보다 10배가량 늘었고, 박근혜 정부 때는 노무현 정부 때보다 100배가량 증가했다. 최순실과 록히드마틴과의 관계는 최순실 게이트가 터지기 훨씬 전에 감지했다.

록히드마틴의 무기 로비스트 로드리게스의 존재를 쫓았다.

어렵게 그와 연락이 닿았다. 내가 그의 대포폰에 전화를 한 덕이다. 누구도 모르는 번호에 전화를 건 것이 신기했다고 했다. 로드리게스는 내 목소리를 단번에 알아차렸다. 내가 나오는 방송을 찾아봤다고 한다. 내게 호감이 있구나. 그러나 그는 좀처럼 움직이지 않았다.

로드리게스는 거의 새벽 2, 3시에 전화를 걸었다.

"주 기자님, 뭐하세요?"

전화가 오면 무조건 어디냐고 물었다. 그리고는 무조건 근처에 있다고 말했다. 자다가 받은 전화에 대고도 "어디세요? 저 10분 거리에 있는 것 같은데요"라고 말했다. 새벽 시간이면 서울 시내 어디든 10~20분 이내로 갈 수 있다. 그의 전화는 절대 놓치지 않았다.

접선 시간은 주로 새벽 4시. 영업이 끝난 텅 빈 술집 구석방에서였다. 술을 마시지 않는 나는 낯선 사람과의 술자리가 고역이다. 잠을 못 자는 것, 어색한 사람들 사이에 앉아 있기, 무작정 기다리기,

다 참을 수 있다. 그런데 도저히 못 참는 게 있다. 노래 부르기. 그냥 싫다. 몇 번을 청했지만 그건 절대 할 수 없다고 버텼다. 그런데 하루는 너무 간절히 노래 한 곡 불러보라기에 눈 딱 감고 불렀다. 이명박 정보를 가졌는데 뭔들 못 하랴……. 노래를 부르며 생각했다. 안 내놓으면 가만히 있지 않겠다고. 그때 모은 정보들이 빛을 볼 날을 기다린다. 이명박이 검찰청 포토라인에 서는 그날을…….

5장

뉴클리어 밤

한 번 더
터트려보련다,
뉴클리어 밤

이명박은 잘 지낸다.

오바마도 만나고. 카자흐스탄도 방문하고. 여행도 많이 간다. 전직 대통령에게 책정된 해외여행 경비는 이명박이 거의 다 쓰고 있다. 건강도 좋다. 70대 중반인데 테니스도 치고, 골프도 치고. 젊어 보인다. 일찌감치 모발 이식 수술도 받았고, 피부 관리도 꾸준히 받고 있다. 자신감도 넘친다. 이명박 정부의 비리가 밝혀지면 "정치 보복이다"라고 말한다. 2016년 여름에는 "차기 정권 반드시 내 손으로 창출하겠다"라고 말했다. 그래서 내가 페이스북에 "MB 구속은 반드시 내 손으로 창출하겠다"라고 썼다.

이명박 측근들이 나를 보면 혀를 내두르는 걸 봐서는 부족하나마 내가 역할을 하고 있는 듯하다. 하지만 앞에서 본 것처럼 이명박 재산 추격기는 나의 실패 연대기이기도 했다. 1백 번 찾아가서 모은 단서들도 이명박을 불러내기에는 턱없이 모자랐다. 이명박의 혐의에 대해 검찰이 나서서 면죄부를 준 터라 더 어려워졌다. 이명박에게 가는 길목에 버티고 선 검찰과 공권력을 먼저 넘어서야 했다. 그것부터가 힘겨웠다.

하지만 포기할 수 없다. 길이 없으면 만들어야 한다. 'MB 구속도로'에 대한 설계도는 나왔다. 이 책이 나오고, 이명박에게 봉헌하는 노래와 뮤직 비디오도 나온다. 그리고 이명박을 포토라인에 세울 기사가 나올 것이다. 이명박에 대한 특검이 두 번 있었다. BBK 특검과 내곡동 특검. 두 번 모두 특검이 출범하는 데 가장 결정적인 기사를 내가 썼다.

이번에는 두 기사보다 더 파괴력 있는 내용으로 준비했다.

이 기사가 내 기자 생활의 대표 기사로 남았으면 하는 바람이 있다. 물론 기사는 이명박의 돈 이야기다.

이명박 정부가 막바지에 접어든 2011년 2월, 에리카 김이 한국에 왔다. 당시 에리카 김은 수배 중이었다. 2007년 12월 김경준 메모가 공개되자, 검찰은 에리카 김에 대해 범죄인 인도 청구를 하겠다고 압박했다. 사실 말도 안 되는 협박이었지만 에리카 김은 겁을 잔뜩 집어 먹고 몸을 숨겼다. 그러던 에리카 김은 검찰에게 잡힌다는 걸 알고도 제 발로 한국에 들어왔다. 입국 전에 모종의 딜이 이루어졌다는 건 초등학생도 짐작할 수 있었다. 에리카 김은 서울중앙지검에서 이틀간 비밀리에 조사를 받고 미국으로 돌아갔다.

당시 김경준은 서울남부교도소에 수감되어 있었다. 2017년 3월 만기 출소 후 미국으로 추방될 때까지 김경준은 9년 4개월을 한국 감옥에서 보냈다. 미국에서의 수감 기간까지 합하면 꼬박 13년 감옥살이를 했다. 횡령 사건으로 이 정도 오래 감옥살이를 한 사람은 국내에서 찾지 못했다.

중요한 건 여기부터다. 에리카 김이 귀국한 2011년 2월, 김경준은 스위스 크레디트스위스 은행 계좌에서 다스로 140억 원을 송금했다. 다스는 이명박 소유로 의심받는 자동차 부품 회사. 놀라운 것은 김경준의 크레디트스위스 은행 계좌는 그가 돈을 빼돌리지 못하도록 미국 연방정부와 스위스 정부에 의해 동결된 상태였다. 미국 법원은 김경준에게 다스에 돈을 보내지 말라고 판결까지 내린 상태였다. 그 돈은 BBK 피해자들 것이지 다스의 소유가 아니라고 했다. 그러나 김경준이 교도소 안에서 스위스와 미국의 법 절차를 뛰어넘어 돈을 보냈다. 마법을 부린 것이다.

이 협상을 마무리한 해결사는 검찰이었다. 2011년 3월 서울중앙지검 특수1부(부장검사 이동렬)는 에리카 김에게 무혐의 처분을 내린다. 에리카 김이 미국에서 체류한 사실을 "수사를 피할 목적으로 볼 수 없다"라고 했다. 공소시효가 다 끝났다고 했다. 이즈음 다스는 8년간 끌어온 김경준에 대한 모든 소송을 취하했다. 정치 검사님들, 머리 쓰느라 애쓰셨다. MB가 BBK에 저지른 모든 죄를 종범인 김경준이 혼자 뒤집어쓰게 하고, 주범 이명박은 단돈 1원도 손해 보지 않도록 만드느라고.

결과직으로 이명박은 심성순에게 떼인 돈을 다 받아낸 셈이다.

역시, 가카는 큰 인물이다. 140억 원을 받으면 BBK는 이명박 것이라는 게 확실해지는데, 다스가 이명박 소유인 것이 명확해지는데…… 이명박은 개의치 않는다. 돈을 벌고 지키는 것에 대해서는. 돈에 대해서는 한 치의 양보가 없는 사람이다.

140억 원.

김경준과 이 돈이 BBK 문제를 푸는 열쇠다. 140억 원을 두고 김경준과 다스 간의 막후 합의가 있었다. 교도소 안에서 어떻게 합의를 보았을까? 검찰의 도움 없이? 다스는 협의 사항 하나하나까지 청와대에 보고했고, 또 청와대의 지시를 받았다. 다스의 한 핵심 관계자는 "이 내용은 곧장 이명박 대통령에게 보고됐다. 자기 재산과 관련한 문제는 이명박이 직접 챙겼다"고 했다. 이명박 정부는 직접 미국·스위스 정부와 협의에 나섰다. 실무 책임자는 LA 총영사 김재수였다. 다스 변호사 출신 김재수는 그런 이유로 LA 총영사가 됐다. 김재수는 수시로 다스 임원들과 대책 회의를 열었다. 대한민국의 외교력을 총동원해 한 개인의 빚을 받은 것이다. 이 외교 첩보 작전을 뒷받침할 자료들을 기사로 공개하겠다.

그리고 다음에는 이명박이 숨겨 놓은 재산을 찾아주려고 한다.

이명박이 논현동 자택 하나만 빼고 다 사회에 환원하겠다고 했으니, 숨겨진 재산이 나오면 어떻게 하는지 지켜보자.

우선, 다스가 이명박 소유라는 것을 증명하기 위해 나서보겠다. 1987년 설립된 다스는 차 시트를 만드는 회사다. 현대·기아차의 1차 협력사로 생산량의 90퍼센트를 현대·기아차에 납품하고 있다. 그러니까 매우 안정적인 수익 구조를 가진 회사다. 현대·기아차가 망하지 않는 한 걱정거리가 없는 회사다. 종업원이 6천명이 넘으니 중소기업이라고 부를 수도 없다.

다스는 이명박 정부 들어 폭풍 같은 속도로 성장한다. 2000년 1,787억 원이던 매출액은 이명박 취임 첫해인 2008년 4,540억 원으로 증가한다. 이명박 재임 마지막 해인 2012년에는 3배 이상 성장해 무려 1조 3천7백억 원을 기록한다. 박근혜 정부 들어서도 성장세는 꺾이지 않았다. 박근혜 집권 첫해인 2013년 다스는 1조 7천9백억 원의 매출을 기록했고, 2016년에는 2조 3천8백억 원 매출을 기록했다. 다스는 해외로도 뻗어 나가고 있는데 중국에 8곳, 인도에 2곳, 미국, 체코, 브라질, 터키에도 해외 법인을 세웠다. 현대·기아차가 진출한 곳에는 거의 다 공장을 지었다. 이명박이 대통령이 된 후 진행된 일이다.

현대·기아차그룹은 이명박 정부 들어 한미FTA, 한중FTA 등을 거치며 최대 수혜 기업이 됐다. 2011년 한미FTA 발효 당시 자동차 부품주가 폭등했고, 자동차주도 휠휠 날았다. 심지어는 운전면허증도 쉽게 딸 수 있도록 법을 바꿨다. 이는 자동차 회사의 숙원 사업이었다.

이명박은 정부 출범 초기 정몽구 현대자동차 회장을 사면한다. 비자금 조성 등 사건으로 징역 3년·집행유예 5년을 선고받은 지 불과 73일 만에. 이명박 집안의 한 핵심 내부자 증언이다.

"정몽구 회장의 사면이 있은 후, 현대차는 핵심 계열사인 현대다이모스의 알짜배기 자회사를 다스에 넘기기로 했다."

현대다이모스는 자동차 시트와 변속기를 만드는 현대차의 핵심 부품 계열사. 글로벌 자동차 부품사 TOP 56위를 기록할 만큼 탄탄한 회사다. 다윗이 골리앗을 삼키는 모양새였다. 현대다이모스는 다스에 백지 위임 서류를 보냈다. 하지만 이명박 측이 인수 가격을 너무 깎다가 막판에 인수가 틀어졌다. 역시 가카답다. 이명박이 인수 실패에 대해 지금도 땅을 치고 후회한다고 한다.

소송할 테면 소송하라. 현대차와 다스의 서류들을 가지고 있다.

이명박 정부에서 현대차그룹은 현정은 회장의 현대그룹에 매각키로 한 현대건설을 가로채는 힘을 보여주었다.

또, 현대·기아차에 계속되는 세제 혜택을 주어 재계의 눈총을 사기도 했다. 이명박과 현대차의 밀월은 다스의 성장과 직결됐다. 이명박 정부가 현대·기아차그룹에 특혜를 주었고, 그 뒤에서 다스는 폭풍 성장을 거듭했다.

다스는 설립 당시부터 이명박이 실소유주라는 의혹이 끊이지 않았다.

　에리카 김과 김경준은 다스가 이명박 소유라고 주장했다. 다스의 지분이 가장 많았던 사람은 이명박의 처남 김재정. 김재정에게는 '이명박의 재산관리인으로 의심받는'이라는 수식어가 꼭 붙는다.

　2010년 그가 갑자기 사망하자, 김재정 집안에서는 주식 5퍼센트를 이명박이 설립한 청계재단에 기부한다. 그래서 다스의 최대 주주 지위를 이명박의 큰형 이상은에게 재빨리 넘긴다. 이분도 '이명박의 재산관리인으로 의심받는'이라는 수식어가 붙는 사람이다.

　다스 경영진도 모두 이명박의 측근으로 채워져 있다. 사장 강경호는 전 서울메트로 사장. 그는 이명박 정부에서 비리 혐의로 처벌된 최초의 고위 공직자였다. 이명박은 마음이 참 넓다. 그런 인재만 중용한다. 다스 감사는 이명박 청와대에서 민정1비서관을 지낸 신학수다.

　김재정이 죽자, 이명박의 아들 이시형이 다니던 한국타이어를 그만두고 2010년 8월 다스에 급히 입사했다. 이명박이 김재정을 통해 차명 관리하던 다스를 이제 아들에게 넘기려 한다는 의혹이 일었다. 다스에 과장으로 입사한 이시형은 승진에 승진을 거듭했고 2016년에는 전무로 승진했다. 반면, 이상은 다스 회장의 아들은 아산공장으로 쫓겨나면서, 다스는 이시형 직할 체제가 됐다.

　다스, 이 동네는 상식적으로 이해되지 않는 일이 많다. 유심히 살펴야 한다. 다스의 최대 주주 김재정은 죽으면서 다스 주식을 부인에게 남겼다. 다스 임원인 큰아들을 두고서. 그런데 상속세를 다스 주식으로 내놓았다. 원래 주식 그것도 비상장 주식은 국세청에서 세금으로 받는 경우가 드물다. 우선 현금, 다음은 부동산 순이다. 김재정은 평소에 돈이 없다고 주변 사람들에게 자주 돈을 빌리곤 했다.

김재정은 다스의 최대주주였을 뿐 아니라 어마어마한 땅 부자였다. 1980~1990년대 사이 전국에 47곳의 부동산을 사들였다. 충북 옥천군, 충남 당진군, 경기 화성시, 경기 가평군, 경북 군위군, 대전 유성구 등 67만 여 평에 이른다. 김재정이 땅을 사들이면 간척공사·신항만 공사 등 대형 개발이 시작됐다는 특이점이 있다. 수백억 원어치 땅을 산 김재정은 정작 현금이 없었다. 빚 2억 원을 갚지 못해 자택이 가압류 당한 적도 있다. 국세청 한 고위 담당자는 "김재정의 땅이 거의 지분을 공유하는 형태로 나뉘어져 있거나, 압류를 당해서 실제로 깨끗한 부동산이 거의 없었다. 차명 재산이라는 의심이 간다"라고 말했다.

김재정이 죽자마자 부인 권영미가 전국 47곳 67만여 평을 담보로 4천만 원을 빌렸다. 겨우. 그것도 30년 상환으로. 이거 전형적인 이명박 수법이다. 30년 대출이 걸려 있는 땅, 1천 원짜리 소액 가압류가 붙어 있는 땅, 이건 이명박의 꼼꼼한 영역 표시다. 이 부분도 밝히겠다.

김재정이 죽자, 청와대가 갑자기 바빠졌다. 재산 정리와 세금 정리로 골머리를 싸맸다. 다스에서 재산 목록과 세금 자료를 만들어 청와대의 컨펌을 받았다. 다스가 처남 것이라면서, 처남 세금에 대해 왜 청와대에서 이명박이 보고받는가?

이와 관련한 자료도 공개하겠다.

국가 권력을 총동원해 외국 은행에 있는 돈을 자신의 회사로 빼돌린 것은 용서할 수 없는 범죄다.

공직자의 허위 재산 신고도 당선 무효는 물론 감옥에 갈 수도 있는 중대 범죄다. 만약, 제기한 의혹이 사실이 아니라면 내가 책임을 지겠다. 공인에 대한 허위 의혹 제기만으로 징역형에 처해진 경우도 많다. 감수하겠다.

이것은 시작에 불과하다.

그리고 진짜 뉴클리어 밤을 터트리겠다.

싸움이 시작됐다.

지금 막.

주진우의 이명박 추격기

첫판 1쇄 펴낸날 2017년 8월 16일
　5쇄 펴낸날 2017년 8월 30일

지은이 주진우
발행인 김혜경
편집인 김수진
책임편집 백도라지
편집기획 이은정 김교석 이다희 조한나
디자인 박정민
경영지원국 안정숙
마케팅 문창운 노현규
회계 임옥희 양여진 김주연

펴낸곳 (주)도서출판 푸른숲
출판등록 2003년 12월 17일 제 406-2003-000032호
주소 경기도 파주시 회동길 57-9, 우편번호 10881
전화 031)955-1400(마케팅부), 031)955-1410(편집부)
팩스 031)955-1406(마케팅부), 031)955-1424(편집부)
홈페이지 www.prunsoop.co.kr
페이스북 www.facebook.com/prunsoop 인스타그램 @prunsoop

ⓒ주진우, 2017
ISBN 979-11-5675-701-6(03340)

이 도서의 국립중앙도서관 출판시도서목록(CIP)은 e-CIP 홈페이지(http://www.nl.go.kr/ecip)와
국가자료공동목록시스템(http://www.nl.go.kr/kolisnet)에서 이용하실 수 있습니다. (CIP2017019403)